A ESSÊNCIA DO SUCESSO

A ARTE DE VIVER

Coleção Pensamentos de Sabedoria

A Essência do Sucesso

A Arte de Viver

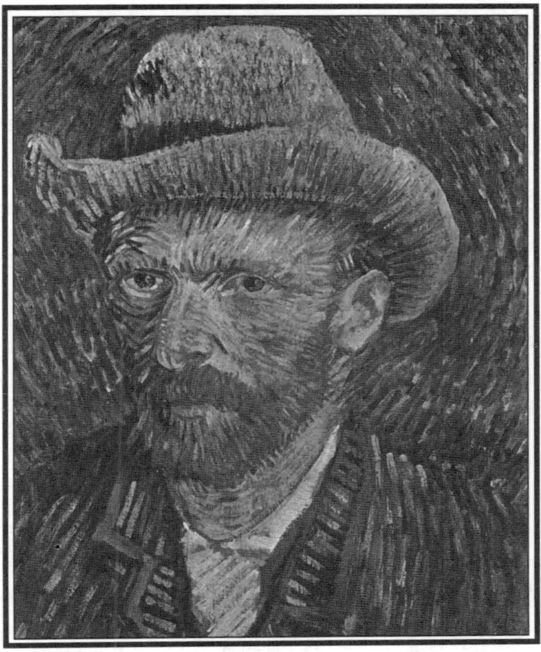

A essência da sabedoria dos grandes gênios de todos os tempos

Livro | Martin Claret | Clipping

Créditos

Idealização e Realização
Martin Claret

Capa
Auto-Retrato (1887)
óleo de Vincent Van Gogh.
(Ver página 125)

Miolo
Revisão
Elizabete F. da Silva
Direção de Arte
José Duarte T. de Castro

Digitação
Conceição A. Gatti Leonardo

Editoração Eletrônica
Editora Martin Claret

Fotolitos em
Editoração Eletrônica
ERJ Informática Ltda.

Papel
Off-Set Champion,75g/m²

Impressão e Acabamento
Paulus Gráfica

Editora Martin Claret Ltda- R. Alegrete, 62 - Bairro Sumaré - Caixa Postal 9897 - CEP 01254-010 - Tel.: (011) 262-8144 - FAX: (011) 263-7146 - São Paulo - SP

Agradecemos a todos os nossos amigos e colaboradores — pessoas físicas e jurídicas — que deram as condições para que fosse possível a publicação deste livro.

Seja Profeta de Si Mesmo

Martin Claret

"A função derradeira das profecias não é a de predizer o futuro, mas a de construí-lo."

Somos criaturas programáveis

*Caro leitor: não é por acaso que você está lendo este livro-*clipping. *Nada acontece por acaso. Tudo acontece por uma causa.*

Possivelmente a causa de você o estar lendo, seja a sua vontade de obter mais informações, ou expandir a sua consciência. A causa, também, pode ser a força da minha mentalização.

Cientistas, antropólogos, psicólogos e educadores têm afirmado que o ser humano é uma criatura culturalmente programada e programável.

Eis aí uma grande verdade.

Seu *Hardware* e seu *Software*

Nosso cérebro e nosso sistema nervoso — o nosso hardware *(a máquina) — é mais ou menos igual em todas as pessoas. A grande diferença que faz a diferença é o que está gravado ou programado no cérebro, isto é, o nosso* software *(o programa).*

Explicando de uma maneira extremamente simplificada, você tem ries tipos de programação: 1ª- a programação genética (o instinto); 2ª- a programação sóciocultural (família, amigos, escola, trabalho, líderes espirituais e políticos, livros, cinema, TVs, etc.); 3ª) a autoprogramação ou a programação feita por você em você mesmo.

Na primeira programação você não tem nenhum controle; na segunda, tem controle parcial; e na terceira programação você tem controle total.

É fundamental que você saiba, conscientemente, controlar o terceiro tipo de programação, ou seja, a autoprogramação.

Um método de autoprogramação humana

*Todos os livros-*clippings *da coleção* Pensamentos de Sabedoria *foram construídos para conduzir você a se autoprogramar para um estado de ser positivo, realístico e eficiente.*

Depois de longa pesquisa e vivência — análise e intuição — concluí que há, e sempre houve, um método simples e seguro de autoprogramação.

As informações adquiridas através da leitura de "historinhas", parábolas, fábulas, metáforas, aforismos, máximas, pensamentos, etc., podem, eventualmente, atingir seu subconsciente sem passar pelo crivo do consciente analítico e bloqueador. Esta prática permite, sem grande esforço, implantar em seu sistema automático perseguidor de objetivos, uma programação incrivelmente poderosa e geradora de ação.

Sabemos — o grande objetivo da educação não é apenas o saber, *mas a* ação.

Um dos maiores Mestres de nosso tempo e um gênio na Arte de Viver, formalizou, com incrível simplicidade, este princípio, quando ensinou: "Pedi e vos será dado; buscai e achareis; batei e vos será aberto. Pois todo o que pede, recebe; o que busca, acha; e ao que bate, se abrirá."

Hoje, em plena era da informática com a conseqüente revolução da comunicação, estamos compreendendo esses eficientes recursos que temos inerentemente dentro de nós.

Um livro "vivo" e motivador

A coleção Pensamentos de Sabedoria *foi idealizada e construída para nos programar (autoprogramar) para a plenitude da vida. São 72 volumes de 112/128 páginas, no formato de bolso 11,5 x 18 cm com textos essencializados, de alta qualidade gráfica, periodicidade mensal, baixo custo e distribuição a nível nacional.*

Este livro começa onde o leitor o abrir. Ele não tem início nem fim. Pode continuar na nossa imaginação.

A essência da sabedoria dos grandes mestres espirituais, líderes políticos, educadores, filósofos, cientistas e empreendedores está aqui reunida de uma maneira compacta e didaticamente apresentada.

Buscamos a popularização do livro.

A foto e o pequeno perfil biográfico do autor de cada pensamento têm a função de facilitar a visualização do leitor. As "historinhas" ou "cápsulas" de informação, estão apresentadas com extrema concisão. As principais emoções e os mais importantes assuntos do conhecimento humano, bem como a vida de personalidades imortais, estão presentes nos 72 volumes. Cada título da coleção Pensamentos de Sabedoria é um livro "vivo", motivador e transformador. Oferecemos o livroterapia.

Uma paixão invencível

Minha permanente paixão cultural (já o disse em outros trabalhos) é ajudar as pessoas a se auto-ajudarem. Acredito ser esta minha principal vocação e missão. Quero "claretizar" as pessoas, ou seja, orientá-las no sentido de que vivam plenamente e tenham uma visão univérsica do mundo. Que sejam e que vivam harmonizadamente polarizadas.

Você tem o poder de genializar-se.

Este é o meu convite e o meu desafio lançado a você, leitor. Participe do "Projeto Sabedoria" e seja uma pessoa cosmo-pensante e auto-realizada.

"Pensar que É faz realmente SER".

Leitor amigo: vamos, juntos, construir uma poderosa força sinérgica para o nosso desenvolvimento pessoal e para o desenvolvimento de todas as pessoas de boa vontade.

Comece rompendo seus limites, modelando os grandes gênios. Visualize-se como já sendo "um vencedor do mundo".

Seja profeta de si mesmo.

ALBERT EINSTEIN - Cientista, filósofo e humanista, nascido em Ulm no sul da Alemanhã. Considerado um dos maiores gênios do século XX. Em 1915 apresentou ao mundo a revolucionária descoberta da Teoria Geral da Relatividade. Em 1921 recebeu o Prêmio Nobel de Física. Escreveu vários livros sobre ciência e filosofia. Viveu em Princeton (USA), onde foi professor. (1879 -1955).

"A imaginação é mais importante do que o conhecimento."

Definição de Sucesso

Robert J. O'Reilly

Sucesso, é *pessoal:* é a consecução seja do que fôr que *você* queira conseguir. Uma vez apurado aquilo que nos dá, de fato, satisfação pessoal, devemos usá-lo como ponto central para a determinação do significado exato do sucesso. Não há motivo por que a minha definição de sucesso deva ou não concordar com a sua, ou por que a sua deva ou não concordar com a de seus vizinhos.

Não há nada de mau em querermos dinheiro, fama, posição social ou qualquer um dos demais conceitos populares de sucesso, contanto que tenhamos estabelecido que a consecução dessas coisas nos traria legítima sensação de prazer pessoal.

Talvez você se lembre da história do rei e do sábio. O rei indignava-se contra o velho sábio, porque o povo o respeitava e sempre lhe pedia conselhos. E muitas foram as noites em que o rei se sentava, procurando pensar em algum meio de desacreditar o sábio, embaraçando-o diante do povo.

E o rei descobriu, então, um plano. Certo dia, convocou toda a corte e mandou chamar o sábio. Assim que o velho chegou, falou-lhe:

— Ó mais sábio de todos os homens! Tenho,

oculto entre as mãos, o mais pequenino dos pássaros. Dizei-me: está ele vivo ou morto? Ordeno-vos responder-me.

O sábio, porém, descobriu o ardil. Percebeu que, se dissesse "vivo", o rei, com rápido aperto de mãos, poria têrmo à vida do pássaro; se dissesse "morto", o rei abriria simplesmente as mãos e soltaria o pássaro. Ambas as respostas o deixariam desacreditado.

Por conseguinte, o velho pensou por um momento. E o rei, ficando impaciente, indagou outra vez:

— Bem, está vivo ou morto?

E o sábio respondeu-lhe, então, lentamente:

— Como *vós* o desejardes, Majestade. Como o desejardes.

Uma moral simples

A moral dessa história, conforme se aplica ao nosso estudo, é simples. O que é sucesso? É aquilo que você desejar. Seja o que fôr que você queira que o sucesso seja, isso é o que ele é.

As pessoas que nunca determinam o *verdadeiro* significado do vocábulo "sucesso" deixam-se ficar expostas a um malôgro quase certo. Não por causa de qualquer falta de talento, mas porque, invariavelmente, se agarram à noção popular de sucesso, tão-somente para descobrir, depois que o tiverem alcançado, que ele não é aquilo que desejavam, de fato, antes de mais nada. Todos os estalões populares poderiam visar ao sucesso e, ainda assim, tais pessoas, bem no íntimo, só conhecem o malôgro, pois não conseguiram aquilo que queriam realmente.

Um filósofo certa vez escreveu: "Se um homem tem talento e não sabe empregá-lo, já fracassou. Se tem talento e serve-se apenas da metade dele, já fracassou em parte. E, se tem talento e aprende, de algum modo, a utilizá-lo todo, já é gloriosamente bem sucedido, alcançando satisfação e triunfo que poucos homens conhecem."

(In: *Pensamento Dinâmico*, Robert J. O'Reilly, Editora Cultrix, São Paulo, 1962.)

SIGMUND FREUD - Psiquiatra, nascido em Freiberg na Tchecoslováquia. Interessou-se por neurologia e hipnotismo e inovou, com suas experiências no campo psicológico e neuropsiquiátrico. Suas revolucionárias teorias sobre a influência dos impulsos sexuais no comportamento psicológico e na personalidade do indivíduo foram muito polêmicas, na época. Fundador da psicanalise. Escreveu dezenas de obras entre as quais *Interpretação dos Sonhos*. (1856 -1939).

“A sede de conhecimento parece ser inseparável da curiosidade sexual.”

A Sabedoria Cósmica dos Gansos

Adaptação de Martin Claret

FATO 1: Quando um ganso bate as asas, ele propicia uma "elevação espiritual" aos gansos seguintes. Ao voar na formação em " V ", o bando inteiro aumenta em 71% o alcance de vôo com relação ao de um ganso voando sozinho.

LIÇÃO: Compartilhar a mesma direção e o senso de grupo permite chegar mais rápido e facilmente ao destino.

FATO 2: Quando um ganso sai da formação, ele sente a morosidade e a resistência do voar sozinho. Logo retorna à formação para usufruir o poder de elevação dos que estão à sua frente.

LIÇÃO: Permanecer em harmonia com os que se dirigem para onde queremos ir. Estar disposto a aceitar e a oferecer ajuda.

FATO 3: Quando o ganso líder se cansa, ele se translada para o final da formação, enquanto outro assume a dianteira.

LIÇÃO: Fazer rodízios em tarefas árduas e compartilhar a liderança. É necessário reunir habilidades e capacidades, combinar dons, talentos, recursos e poder.

FATO 4: Os gansos, voando em formação, grasnam para encorajar os que estão na frente a manter a velocidade.

LIÇÃO: Onde há encorajamento, o sucesso é maior. O poder de encorajamento — apoiar-se no próprio coração ou nos próprios valores mais altos e encorajar o coração ou os valores mais altos dos demais — é a qualidade expressa nesse grasnar.

FATO 5: Quando um ganso adoece, se fere ou é atingido, dois outros gansos saem da formação e acompanham-no para ajudá-lo e protegê-lo. Permanecem com ele até que morra ou seja capaz de voar novamente. Integram-se então, em outra formação, ou alcançam o bando antigo.

LIÇÃO: Devem estar uns ao lado dos outros tanto nos momentos de dificuldade quanto nos momentos de força e poder.

(In: *Cartão de Mensagem de Natal/95* da Editora Martin Claret, São Paulo, 1995.)

"No meio
da
dificuldade
está a
oportunidade."

Einstein

Arrisque Tudo

Shree Rajaneesh

A vida exige enorme coragem. Os covardes apenas existem, não vivem, porque toda a vida deles é orientada pelo medo, e uma vida orientada pelo medo é pior do que a morte. Eles vivem em um tipo de paranóia, eles têm medo de tudo; e não apenas de coisas reais, eles temem coisas irreais também. Eles têm medo do inferno, têm medo de fantasmas, têm medo de Deus. Temem mil e uma coisas que eles próprios, ou outros como eles, imaginaram. O medo é tão grande que se torna impossível viver.

Somente os corajosos podem viver. A coragem é o primeiro passo a ser aprendido. Apesar de todos os medos, temos que começar a viver. E por que é preciso coragem para viver? Porque a vida é insegurança. Se você fica preocupado demais com proteção, segurança, você permanecerá confinado a um pequeno cantinho, quase que em uma prisão, constituída por você mesmo. Será seguro, mas não será vivo. Será seguro, mas não terá aventura, não terá êxtase.

A vida consiste em explorar, entrar no desconhecido, alcançar as estrelas! Seja corajoso e deposite tudo aos pés da vida; nada é mais valioso. Não sacrifique sua vida por pequenas coisas — dinheiro, segurança; nada disso tem valor. Cada um deve viver sua vida tão totalmente quanto possível; somente então surge a alegria, somente então o transbordamento da graça divina se torna realmente possível.

Aqueles que realmente desejam viver, têm de correr muitos riscos. Têm de se mover sempre no desconhecido. Têm de aprender uma das lições mais fundamentais: que não existe lar; que a vida é uma peregrinação — sem começo, sem fim. Sim, existem lugares onde você pode descansar, mas são apenas paradas de uma noite e, pela manhã, você deve partir novamente. A vida é um movimento constante, nunca chega a qualquer fim; é por isso que a vida é eterna.

A morte tem um começo e um fim.

Mas você não é morte, você é vida.

A morte é uma concepção errada. As pessoas criam a morte, porque anseiam por segurança. É o desejo de segurança e proteção que cria a morte, que o faz temer a vida, que o faz hesitar em penetrar no desconhecido.

(In: *Vida, Amor e Riso*, Shree Rajneesh, Editora Soma, São Paulo, 1980.)

MARTIN LUTHER KING JUNIOR - Teólogo, sociólogo, doutor em filosofia, nascido em Atlanta, Geórgia. Líder do anti-racismo na América. Prêmio Nobel da Paz em 1964. Como Ghandi, também adepto da não-violência. Assassinado em 1968. (1929 -1968).

“

Se um homem não descobriu algo por que morrer, ele não está preparado para viver.

”

A Pergunta Essencial

Paulo Coelho

O filosofo alemão Schopenhauer caminhava por uma rua de Dresden, procurando respostas para questões que o angustiavam. De repente, viu um jardim, e resolveu ficar horas seguidas olhando as flores.

Um dos vizinhos notou o comportamento estranho daquele homem, e chamou a Guarda Civil. Minutos depois, um policial se aproximava de Schopenhauer.

— Quem é o senhor? — perguntou o policial, com voz dura.

Schopenhauer olhou de alto a baixo o homem à sua frente:

— Se o senhor souber responder esta pergunta — disse o filósofo — eu lhe serei eternamente grato.

(In: *Maktub,* Paulo Coelho, Editora Rocco, Rio de Janeiro, 1994.)

HELEN KELLER - Escritora e conferencista, nascida em Tuscúmbia, Alabama. Um dos maiores exemplos para a humanidade, de que as deficiências físicas não são obstáculos para se obter sucesso. Helen Keller foi uma extraordinária mulher, triplamente deficiente, que ficou cega, surda e muda, desde tenra idade. Superou todos os obstáculos, tornando-se uma das mais notáveis personalidades do nosso século. (1880 -1968).
iw

"Não importa o quanto se sinta em posição desfavorável; não se desencoraje; não tenha medo; não se desespere."

As Leis Básicas do Sucesso

Dr. Lair Ribeiro

Aprendendo com o universo

O tempo é o mais persistente dos mestres, só que infelizmente termina matando todos os seus discípulos.

Você pode ter somente o tempo como mestre e sofrer as conseqüências advindas da demora, ou acelerar o processo utilizando a experiência alheia.

O mestre dos mestres é, sem dúvida, o próprio Universo. Se você conseguir incorporar na sua estrutura psicológica as Leis Universais, sucesso e sabedoria serão algumas das conseqüências.

O Universo é pura inteligência. Ordenado, incapaz de ser criado sozinho, regido por leis imutáveis e soberanas. Estas leis são absolutas na sua essência, interdependentes na sua aplicabilidade, independentes do tempo e espaço onde atuam, dependentes da intenção e consciência divina presentes em cada um de nós. Elas têm como finalidade manter a ordem no caos, o amor no ódio, a sabedoria na ignorância, a saúde na presença da doença, e a eternidade no mais provisório momento.

(In: *O Sucesso não Ocorre por Acaso*, Lair Ribeiro, Rio de Janeiro.)

EMERSON (Ralph Waldo) - Ensaísta, conferencista, filósofo e poeta norte-americano, nascido em Boston. Estudou em Harvard. Por algum tempo foi pastor em sua cidade Natal. Suas obras versam sobre a filosofia "transcendentalista". Exerceu grande lnfluência sobre a vida intelectual americana do século XIX. Escreveu vários livros, entre eles *Natureza* e *Ensaios*. (1803 -1882).

"

O sucesso na vida depende unicamente de insistência e ação.

"

Conselhos de Sempre

Baltasar Gracián

"Desista enquanto está em vantagem." Eis um conselho provado e aprovado. Mas sabia que ele remonta a Baltasar Gracián, um intelectual jesuíta que viveu na Espanha do século XVII? Como capelão de exército e confessor de poderosos, esse clérigo observou o homem em situações de poder e concluiu que, através da inteligência e do autodomínio, praticamente todos poderiam dominar quaisquer situações e ser bem-sucedidos. Por isso, registrou 300 máximas para instruir seus contemporâneos na arte de obter o pretendido.

Traduzidas novamente, há pouco tempo, para o inglês num livro que se tornou um best-seller, suas sentenças mantêm hoje a mesma atualidade de há séculos. Aqui estão algumas das melhores:

Deixe as coisas meio indefinidas.

Ser-se demasiado óbvio não é útil nem dá prazer. Com o não se abrir desde logo o jogo, mantêm-se os outros na dúvida. É num silêncio cuidadoso que a prudência se abriga. Uma vez declaradas, nossas intenções ficam expostas à crítica alheia, e se não conseguimos o que pretendemos, nossa derrota será dúplice.

Conheça sua melhor qualidade

Cultive seu melhor dom e desenvolva os restantes. Qualquer um poderia alcançar eminência em alguma coisa se estivesse ciente daquilo em que é melhor.

Jamais exagere

Os superlativos ofendem a verdade e atraem dúvidas sobre o nosso julgamento. Os prudentes mostram-se comedidos e sabem que quanto mais alto se sobe, maior é a queda. Sobrevalorizar determinada coisa é uma forma de mentir que pode arruinar nossa reputação como gente de saber e bom gosto.

Adapte-se às pessoas à sua volta

Não gaste mais energia numa tarefa do que esta requer. Não atraia as atenções a cada dia, pois corre o risco de deixar de surpreender os outros. Devemos deixar sempre algo de novo de reserva, pois quem mostra apenas um pouco de cada vez mantém sempre as expectativas, sem que consigam alguma vez descobrir até onde vai o seu talento.

Aproxime-se daqueles com quem poderá aprender alguma coisa. Faça de seus amigos professores e junte a utilidade de aprender ao prazer da conversação. Aprecie a companhia de gente de espírito cultivado. O que você disser valerá aplausos; o que ouvir, erudição.

Não seja maçante

Usar de brevidade é ser agradável, dar prazer é mostrar-se eficaz. As coisas boas, quando breves, são-no a dobrar; as más, se curtas, serão menos más. Dizer bem é fazê-lo de modo conciso.

Previna-se contra o azar enquanto estiver em maré de sorte

Preparar-se para o inverno durante o verão é uma atitude sábia, até porque esta é a melhor altura para fazê-lo. Os favores não custam tanto e as amizades abundam. Mantenha um grupo de amigos e de gente grata à sua volta. Um dia você dará valor àquilo que agora não lhe parece importante.

Não fale sobre si próprio

Se o fizer, forçosamente terá de dizer bem de si, o que é vaidade, ou terá de se criticar, o que é fraqueza. Você se mostrará falto de bom senso e se tornará aborrecido para os outros.

Os inteligentes fazem primeiro o que os ignorantes farão depois

Só há uma boa maneira de ver a luz: o mais cedo possível. De outro modo, far-se-á por necessidade aquilo que se poderia ter realizado por prazer. As pessoas inteligentes avaliam imediatamente o que mais tarde ou mais cedo precisará ser feito, e fazem-no com prazer, melhorando com isso sua reputação.

Jamais se lamente

Reclamar é coisa que sempre irá desacreditá-lo. Mais do que compaixão, sua lástima provocará a insolência e encorajará outros a se comportarem como aqueles que são a causa de suas lamentações. O melhor é elogiar outrem, de forma a se obterem ainda mais favores de sua parte.

Aja, mas não deixe de se mostrar

As coisas não importam pelo que são, mas pelo que parecem ser. O que não se vê bem poderia não existir. Um belo exterior é o que um interior perfeito mais recomenda.

Não seja como o vidro

Algumas pessoas quebram com facilidade, revelando toda a sua fragilidade. Enchem-se de ressentimentos, e aos outros, de amolação. Mais sensível do que as pupilas dos olhos, gente assim vive cheia de si e é escrava de seu próprio gosto.

Não viva às pressas

Se você souber como organizar as coisas, saberá como apreciá-las. Muita gente quer devorar num dia aquilo que dificilmente conseguiria digerir durante a vida inteira. Mostre-se comedido para não aprender tudo mal aprendido. Seja rápido a agir, mas lento a apreciar.

Leve à frente suas vitórias

Muita gente faz tudo para começar determinada coisa, mas nada para concluí-la. Os caracteres inconstantes iniciam ações, mas não persistem nelas. Isto demonstra já inconstância, já precipitação para obter o impossível. Aquilo que merece ser começado é para ser acabado. Por que começar algo que não valerá a pena findar? Gente sábia não se limita a capturar sua presa; mata-a também.

Desista enquanto está em vantagem

É o que fazem todos os bons jogadores. Uma retirada em beleza é tão importante como um ataque em grande estilo. A sorte se cansa quando tem de ficar transportando a mesma pessoa às costas durante muito tempo. Tenha cuidado com a maneira como acaba as coisas e empenhe-se mais numa saída bem-sucedida do que numa entrada favorável. O que é importante não é sermos aplaudidos à chegada, mas sim recordados com saudade à despedida.

(In: *Seleções do Reader's Digest*, Baltasar Gracián, abril/ 1993.)

PAULO COELHO - Escritor, teatrólogo e ensaísta. Considerado o maior fenômeno literário dos últimos tempos no Brasil. Sua mensagem é de cunho espiritual e filosófico. Em menos de dez anos escreveu seis obras, todas best sellers, traduzidas para quase todas as línguas. Sua obra *O Alquimista* foi vendida para o cinema. Recentemente foi condecorado na França pelos méritos da sua obra literária (1947 -).

“

Quando você quer alguma coisa, tudo no Universo conspira para que você realize o seu desejo.

”

A Magia do Aprendizado

Wu Li

O mestre ensina a essência.
Quando a essência é percebida,
ele ensina o que é necessário para
expandir a percepção.
O mestre Wu Li não fala da
gravidade terrestre até que o
discípulo se poste a admirar a
pétala de flor que cai ao chão...
Não fala de matemática até que o
discípulo diga: "Tem de haver um
jeito mais simples de dizer isso. "
Assim, o mestre Wu Li dança com
o seu discípulo.
Ele não ensina, mas o
discípulo aprende.
O mestre Wu Li sempre começa no
centro, no coração da matéria.

(In: *The Dancing Wu Li Masters* - Morrow, 1979 .)

“Todo ato de *criação* é, antes de tudo, um ato de *destruição*.”

Picasso

Duas Fábulas

Esopo

Esopo era um escravo que viveu na Grécia há uns 3.000 anos. Tornou-se famoso pelas suas pequenas histórias de animais, cada uma delas com um sentido, um ensinamento, e que mostram como proceder com inteligência. Os seus animais falam, cometem erros, são sábios ou tolos, maus ou bons, exatamente como o homens. A intenção de Esopo, em suas fábulas, é mostrar como nós, homens, podemos e devemos agir.

As fábulas de Esopo, contadas e readaptadas por seus continuadores, como Fedro, La Fontaine e outros tornaram-se parte de nossa linguagem diária. "Estão verdes", dizemos quando alguém quer alcançar coisas impossíveis — o que é a expressão que a raposa usou quando não conseguiu as uvas... Esopo nunca escreveu suas histórias. Contava-as para o povo, que por sua vez se encarregou de repeti-las. Mais de duzentos anos depois da morte de Esopo é que as fábulas foram escritas, e se reuniram às de vários Esopos. Em outros países além da Grécia, em outras civilizações, em outras épocas, sempre se inventaram fábulas que permaneceram anônimas. Quando dizemos, no Brasil: "Macaco velho não mete a mão em cumbuca!", estamos repetindo o ensinamento de uma fábula. Assim, podemos dizer que, em toda parte, a fábula é um conto de moralidade popular, uma lição de inteligência, de justiça, de sagacidade, trazida até nós pelos nossos Esopos.

A raposa e as uvas

Uma raposa faminta entrou num terreno onde havia uma parreira, cheia de uvas maduras, cujos cachos se penduravam, muito alto, em cima de sua cabeça. A raposa não podia resistir à tentação de chupar aquelas uvas mas, por mais que pulasse, não conseguia abocanhá-las. Cansada de pular, olhou mais uma vez os apetitosos cachos e disse

— Estão verdes...

"É fácil desdenhar daquilo que não se alcança."

A gansa de ovos de ouro

Certa manhã, um fazendeiro descobriu que sua gansa tinha posto um ovo de ouro. Apanhou o ovo, correu para casa, mostrou-o à mulher, dizendo

— Veja! Estamos ricos!

Levou o ovo ao mercado e vendeu-o por bom preço.

Na manhã seguinte, a gansa tinha posto outro ovo de ouro, que o fazendeiro vendeu a melhor preço. E assim aconteceu durante muitos dias. Mas, quanto mais rico ficava o fazendeiro, mais dinheiro queria. E pensou

"Se esta gansa põe ovos de ouro, dentro dela deve haver um tesouro!"

Matou a gansa e, por dentro, a gansa era igual a qualquer outra.

"Quem tudo quer, tudo perde."

(In: *Fábulas de Esopo,* tradução de Guilherme Figueiredo, Ediouro, Rio de Janeiro, 1990.)

SAM WALTON - Empresário norte-americano, fundador das Lojas Wal-Mart, a maior empresa varejista do mundo. Em 1985 foi considerado o "homem mais rico do mundo", segundo a revista *Forbes*. Em 1991, com o Jornalista John Ruey, escreveu o livro *Sam Walton — Made in America* onde conta a história de sua vida. (1918 -1992).

"

Comemore o seu sucesso. Veja com humor os seus fracassos.

"

A Coerência de Gandhi

A mãe trouxe seu filho ao Mahatma Gandhi. Ela implorou:

"Por favor Mahatma. Diga ao meu filho que ele pare de comer açúcar. "

Gandhi fez uma pausa e disse:

"Traga seu filho de volta em duas semanas. "

Confusa, a mulher agradeceu e disse que faria o que o Mahatma pediu.

Duas semanas mais tarde ela retornou com seu filho. Gandhi olhou o jovem nos olhos e disse:

"Pare de comer açúcar. "

Agradecida mas inconformada, a mulher perguntou:

"Mahatma, por que o senhor me pediu para trazê-lo em duas semanas? O senhor poderia ter dito a ele, como fez agora, há duas semanas atrás. "

Gandhi respondeu:

"Duas semanas atrás, eu estava comendo açúcar. "

TEILHARD DE CHARDIN (Pierre) - Cientista, teólogo, matemático, filósofo, geólogo, nascido em Sarcenat, França. É um dos expoentes da teologia contemporânea. Inovou no campo da filosofia apresentando teorias de impacto mescladas de misticismo e ciência. Desagradou a Igreja Católica com suas teorias e somente após sua morte é que suas obras foram reconhecidas pelo Vaticano. Sua obra mais famosa é *O Fenômeno Humano*. (1881-1955).

"O Passado me revela a construção do Futuro."

Doze Princípios para a Realização do Sucesso

Martin Claret

Aqui estão doze princípios básicos usados por todas as pessoas de desempenho excelente. Considere cuidadosamente cada um deles e imagine como passaria a ser o seu mundo, se você já os tivesse. Eles podem transformar a sua vida.

1 - Sucesso é você conseguir tudo aquilo que você quer.

2 - Sucesso, progresso, "vencer na vida", auto-realização, iluminação espiritual — são palavras sinônimas e complementares.

3 - O seu autoconceito ou a sua auto-imagem mental determina o limite de todas as suas realizações.

4 -Você tem poderes para criar sua própria realidade existencial. Somos co-criadores do universo.

5 - A força predominante em existência é o seu pensamento predominante.

6 -Você precisa criar pensamentos de "sucesso" se quiser ser bem-sucedido. Pensar é causar.

7- O que "vê" em sua mente é aquilo que espera.

Aquilo que você espera é aquilo que obtém.

8 - As recompensas que você recebe na vida vêm como resultado de seu desempenho, não do seu potencial.

9 - Sempre existe algum benefício a auferir de cada adversidade. O mal é um bem que ainda não compreendemos.

10 - Você necessita da colaboração de outras pessoas para alcançar o sucesso. Ninguém alcança sucesso sozinho.

11 - Você nunca é derrotado até aceitar a derrota.

12 - A única coisa no mundo que você — e somente você —pode controlar é aquilo que está pensando neste exato momento. O controle mental é o supremo segredo para toda a felicidade e todo o sucesso na vida.

(In: Folheto *Quer Ter Sucesso e Ganhar Mais?*, do Centro de Desenvolvimento do Potencial Humano, São Paulo, 1996.)

HENRY FORD - Industrial norte-americano, nascido em Greenfield Village, Michigan. Colocou o automóvel ao alcance do homem médio e revolucionou o modo de vida norte-americano. Seus métodos de produção em massa foram imitados por outras indústrias e por outros países. É considerado o maior gênio industrial do século. (1863 -1947).

“Quer você acredite que pode ou que não pode fazer uma coisa, você está certo.”

Minutos de Sabedoria

C. Torres Pastorino

Deus está em toda a parte ao mesmo tempo, em redor de você, dentro de você!

Jamais você está desamparado.

Nunca está só.

Não permita que a mágoa o perturbe: procure manter-se calmo, para ouvir a voz silenciosa de Deus dentro de você.

Assim, poderá superar todas as dificuldades que aparecerem em seu caminho, e há de descobrir a Verdade que existe em todas as coisas e pessoas.

* * *

Lembre-se de que colheremos, infalivelmente, aquilo que houvermos semeado.

Se estamos sofrendo, é porque estamos colhendo os frutos amargos das sementeiras errôneas do passado.

Fique alerta quanto ao momento presente!

Plante apenas sementes de otimismo e de amor, para colher amanhã os frutos doces da alegria e da felicidade.

Cada um colhe, exatamente, aquilo que plantou.

* * *

Cada um de nós é responsável por seus atos.

Por que vai desanimar, pelo que os outros fizeram a você?

Que tem você que ver com isso?

Siga à frente, ainda que o mundo inteiro esteja contra você.

Você há de vencer, mesmo que fique sozinho.

Continue sem desânimo, porque você é o único responsável por seus atos.

* * *

Nossa mente está mergulhada na Mente Divina que sustenta os universos infinitos.

Nossa força mental permanece impregnada da Força Mental divina, que está em toda a parte ao mesmo tempo.

Procure manter-se unido a essa Força Infinita, e jamais será derrotado.

Você tem esse poder: confie!

Você vencerá em toda a linha, se o quiser.

(In: *Minutos de Sabedoria*, C. Torres Pastorino, Editora Vozes, Rio de Janeiro.)

FRIEDRICH NIETZSCHE - Escritor e filósofo, nascido no vilarejo de Röcken, na Prússia. É um dos grandes filósofos do século XIX. Deixou um vasto legado em filosofia e causou perplexidade quando declarou a "morte de Deus" em uma de suas obras. Sua mais conhecida obra é *Assim Falava Zaratustra*. (1844 -1900).

"

Derrubar ídolos — isso sim, já faz parte de meu ofício.

"

Unidade na Diversidade

Martin Claret

No livro *Life-Tide*, publicado nos Estados Unidos em 1979, o cientista e biólogo Lyall Watson narra a impressionante história do que aconteceu numa tribo do macaco japonês Macaca fuscata, submetida a uma experiência científica nas praias da ilha de Kochima, no Japão.

No início de 1952, cientistas jogaram batatas-doce cruas, parcialmente cobertas de terra, nas praias da ilha. Os macacos deliciaram-se com o sabor das batatas-doce, mas não apreciaram o gosto da terra que as envolvia.

Após vários meses, num determinado momento, uma jovem macaca chamada Imor "descobriu" que lavar as batatas-doce resolvia o problema. Logo, vários macacos — principalmente os mais jovens — estavam imitando ou modelando o comportamento dos macacos "inteligentes". O avanço cultural foi aprendido por quase todos os macacos da ilha de Kochima, e tornou-se um "bem" cultural coletivo, usado por todos.

Então sucedeu um fenômeno aparentemente inexplicável. Os cientistas verificaram que, nas colônias de macacos das outras ilhas, onde também estavam sendo distribuídas as batatas-doce, muitos deles começaram a lavar as suas batatas-doce.

Surpreendentemente constatou-se que, quando um certo número crítico de seres atinge um estado superior de consciência, essa nova consciência pode ser comunicada de uma mente para outra sem os recursos dos sentidos comuns, tornando-se um patrimônio cultural de todos. A experiência da ilha de Kochima foi denominada de *A Síndrome do Centésimo Macaco*.

Era uma prova objetiva de que o universo é uma infinita unidade na diversidade, e que todo o universo converge para o estado de perfeição.

Uma inteligência cósmica, viva e permanente, se auto-aperfeiçoa.

(In: *Folheto da Alvorada* - Centro de Auto-Realização, São Paulo, 1996.)

ANA PAVLOVA - Bailarina russa, nascida em São Petersburgo. Cedo revelou grande talento para a dança clássica. Em 1908 estreou em Paris, no Théâtre du Châtelet com a Companhia de Dança de Diaghilev. Excursionou por vários países em todo o mundo. Seu extraordinário talento, com interpretações extramamente pessoais, deu um novo sentido aos balés clássicos. (1881-1931).

"Seguir um objetivo sem parar, esse é o segredo do sucesso."

Thomas Alva Edson e o Sucesso

Seleções do Reader's Digest

Numa sonolenta tarde de verão de 1887, um amigo ofereceu a Edison um presente extravagante. Era a "Roda da Vida", um brinquedo mecânico simples. Olhava-se por uma abertura, fazia-se girar a roda e uma série de figuras entrava em ação, dando a ilusão de movimento. Era um brinquedo conhecido de milhões.

Edison deu uma risadinha enquanto fazia girar a roda, vendo os trejeitos de um urso dançando. Dali a pouco parou de rir e começou a fitar o aparelho meditativamente. Por que, começou a pensar, não seria possível obter imagens em movimento exatamente por aquele meio: uma série de pequeninas fotografias reproduzidas a grande velocidade?

Reclinando-se para trás na cadeira, tirou do bolso a sua infalível caderneta e começou a desenhar. Esses esboços descuidados foram o primeiro trabalho de Edison sobre a câmara cinematográfica, que viria mudar a face do mundo das diversões e criar uma indústria de muitos milhões de dólares.

Edison trabalhou na sua máquina de filmar durante quatro anos. Os problemas mecânicos envolviam frações mínimas de segundo e engrenagens tão delicadas como as de um relógio. Ele trabalhava simultaneamente com os técnicos de Eastman Kodak, especificando o tipo de filme de que precisava. Eastman tinha produzido pouco antes um filme forte, flexível, de enrolar, que se revelou ideal. Por fim, Edison conseguiu uma câmara que permitia de 20 a 40 exposições por segundo.

Em 1889, Edison exibiu um filme falado no seu laboratório, sincronizando o filme com um fonógrafo. Suas patentes básicas foram tiradas em têrmos tão amplos que a indústria cinematográfica durante muito tempo lhe pagou direitos. Edison foi um dos primeiros magnatas do cinema.

Nos últimos anos do século passado e nos primeiros deste, fez uma incursão pelo terreno da produção. Construiu um vasto edifício oval e o revestiu interna e externamente de papel alcatroado preto. Construído sobre uma plataforma móvel, esse edifício acompanhava o movimento do Sol, o que permitia que a luz do dia nunca deixasse de penetrar pelo teto corrediço.

Em seu novo papel, Edison estava em toda parte, escrevendo *sketches* cômicos, dirigindo os atores, acionando as câmaras, consertando-as quando surgia algum defeito. Gostava extraordinariamente daquilo tudo. Suas primeiras produções foram bastante toscas: o campeão Jim Corbett numa luta de boxe, um tocador de realejo piruetando com um macaco travesso, e coisas semelhantes; mas atraíam multidões aos primitivos cinemas. Mais tarde, construiu no Bronx Park, em Nova York, um estúdio de vidro que custou 100.000 dólares e nele fêz vários filmes de longa metragem.

Entretanto, uma vez bem lançada a indústria do cinema, voltou-se para outros problemas que ainda aguardavam solução. Fazendo experiências com o raio X, que Roentgen acabava de descobrir, inventou o fluoroscópio, que doou, sem tirar patente, à classe médica. Ao mesmo tempo produziu também a primeira lâmpada elétrica fluorescente.

(In: *Seleções do Reader's Digest*, julho de 1954.)

“Dê um peixe a uma pessoa, e ela se alimenta *por um dia*; ensine-a a pescar, e ela se alimentará a *vida inteira*.”

Lao-Tse

A Fórmula Mágica

Huberto Rohden

Andavam os filósofos gentios em busca do elixir da vida.

Andavam os alquimistas medievais em busca do segredo do ouro.

Andavam os sábios de todos os tempos em busca da pedra filosofal.

Andam os homens de todos os dias em busca da felicidade perene.

E não sabeis vós, inquietos bandeirantes, que, há muito, foi descoberto o talismã que buscais?...

A fórmula mágica da ciência e da vida?...

O poderoso elixir de indefectível juventude e felicidade?. . .

Não foi Aristóteles nem Platão, não foi Sócrates nem Sêneca que tal prodígio descobriram.

Não foi sábio nem estadista, não foi poeta nem general que desvendou o grande segredo...

Foi um simples aprendiz de carpintaria, que nem nome parecia ter — o "filho do carpinteiro", como dizia o povo.

Homem que nunca se sentou em banco escolar...

Homem que não se formou em ciências e artes...

Homem que não freqüentou academia nem curso filosófico. . .

Tenho diante de mim a fórmula singela que esse homem elaborou...

Fórmula que resolve todos os problemas da vida e da morte.

Fórmula que diz tudo o que os sábios não disseram...

Fórmula que faz suportar os mais pesados fardos — até o próprio ego...

Fórmula que faz nascer auroras em pleno ocaso...

Fórmula que ensina a descobrir pérolas de sorriso — no mais profundo oceano de lágrimas...

Fórmula que descortina alvejantes berços de vida onde os homens só enxergam negros ataúdes mortuários...

É tão singela essa fórmula descoberta pelo filho do carpinteiro que o mais simples dos homens a pode aplicar.

Compõe-se de dois traços apenas — um vertical e outro horizontal.

Unindo em ângulo reto essas duas barras que da oficina trouxe o carpinteiro de Nazaré — tem-se o poderoso talismã de todos os segredos da vida e da morte.

Lança-se ao céu a haste vertical bradando: Amor divino!

Alarga-se pela terra a trave horizontal, clamando: Humana caridade!

E onde se cortam as duas barras do amor e da caridade — gotejam sobre a terra lágrimas rubras — a dor...

Duas linhas cruzadas — crucificadas.

À luz deste símbolo resolvo todos os problemas da vida e da morte.

Símbolo cujo simbolizado é redenção.

À mão dessa fórmula mágica descerro todas as portas.

Compreendendo...
Perdoando...
Amando...
Sofrendo...
Calando...
Ao pé da cruz...

(In: *De Alma para Alma*, Huberto Rohden, Editora Martin Claret, São Paulo, 1994.)

MAQUIAVEL - Escritor e político fiorentino. Foi uma das notáveis figuras do renascimento. É considerado "o pai da ciência política". Autor de vários livros sobre política e História. Sua obra mais famosa é *O Príncipe*. (1513 -1527).

"Não existe nada mais difícil de conduzir nem nada mais incerto e perigoso do que iniciar uma nova ordem das coisas."

Einstein no País das Maravilhas

O Correio da Unesco

Que é relatividade? O célebre matemático francês Henri Poincaré concebeu a seguinte "experiência imaginária" para explicar o conceito de relatividade. Suponhamos dizia, que uma noite, enquanto estivéssemos profundamente adormecidos, tudo, absolutamente tudo no universo aumentasse mil vezes: o Sol, a Terra, as estrelas, nossa casa, nossa cama nós mesmos, o comprimento das ondas luminosas, os átomos, os elétrons. Poderíamos, ao despertar, dizer que algo havia mudado? Não, respondia Poincaré, porque nada o demonstrava.

Não teria sentido algum dizer que o Universo havia se tornado maior, já que por esta expressão entendemos algo "maior" que "outra coisa". E tratando-se do universo, não existe nenhuma "outra coisa".

O conceito de tamanho é, pois, um conceito relativo

(In: *Einstein - O Enigma do Universo*, Huberto Rohden, Editora Martin Claret, São paulo, 1991.)

WILLIAM JAMES - Psicólogo e filósofo norte-americano, nascido em Nova Iorque, irmão do romancista Henry James. Estudou em Harvard, química, anatomia e medicina, e, posteriormente, psicologia e filosofia, sendo que, nesta última, destacou-se internacionalmente, escrevendo uma filosofia realística. É considerado um dos "pais" do pragmatismo. (1842 -1910).

"

A maior descoberta da minha geração é que os seres humanos, alterando suas atitudes mentais, podem alterar a própria vida.

"

Jesus e o Cachorro Morto

Lauro Trevisan

Contam que, um dia, Jesus caminhava por uma longa estrada, com seus discípulos, quando encontraram um cachorro morto, à beira do caminho.

Os discípulos olharam com desdém para o animal e começaram a dizer:

— Bem feito, deve ter sido um animal muito agressivo!

— Que boca horrível!

— Que rabo sujo!

— Que pêlo horroroso!

— Que focinho assustador!

— Que patas perigosas ele tinha!

E cada um deitava a sua crítica acerba contra o animal morto.

Jesus olhou, com carinho, para o animal e disse: vejam que dentes lindos ele tinha!"

Ao me contarem esta história, quiseram teimar comigo que estava relatada nos evangelhos. Não está, não. Mas, não deixa de encerrar uma bonita lição.

(In: *O Poder Infinito da Oração*, Lauro Trevisan, Editora da Mente, Santa Maria, 1990.)

STUART MILL - Filósofo e economista inglês. Foi educado pelo próprio pai, James Mill que era psicólogo, historiador, pensador político e economista. Desde os três anos de idade, Stuart Mill revelou-se um menino-prodígio. A partir de 1834 dedicou-se às suas várias obras. Seu tema preferido era a liberdade. Foi também parlamentar dedicado a causa feminina. (1806 -1873).

"Uma pessoa com uma crença política é um poder social igual a noventa e nove outras pessoas que possuam apenas interesses."

O Uno e o Verso do Universo

O Mestre Zen e seu discípulo conversavam sobre coisas muito importantes. Certo momento o discípulo respeitosamente pergunta:

"Mestre, uma coisa eu ainda não compreendo..."

O Mestre olhou ternamente para o jovem discípulo e perguntou:

"Diga, meu confuso e curioso discípulo, o que o intriga tanto assim?"

O discípulo ergueu as sobrancelhas e disse:

"Mestre, afinal, quem sou eu?"

O Mestre deu uma gostosa gargalhada e olhou o discípulo bem nos olhos dizendo: "Como você é um discípulo muito aplicado acho que está na hora de você descobrir esta resposta. Por favor, apanhe uma cebola e uma faca."

O discípulo rapidamente trouxe a cebola e a faca. O Mestre pega a cebola e a faca e começa a descascar a cebola dizendo:

"Meu jovem, você é como esta cebola. Veja só. Se tirarmos uma camada o que resta?"

"Ora, Mestre, resta outra camada de cebola! Eu continuo não entendendo."

"Acalme-se e preste atenção. As coisas nem sempre são o que parecem ser. Se eu retiro esta outra camada da cebola, o que resta?"

"Outra camada mais interna, meu Mestre."

E o Mestre foi assim, camada a camada, descascando a cebola até que finalmente chegou à ultima camada interna.

"Retirando esta última camada, o que resta meu jovem?"

O discípulo estava ainda mais confuso, queria saber quem ele era afinal e o velho Mestre ficava descascando uma cebola até não ter mais nada em suas mãos. "Como isso poderia explicar algo tão importante como quem eu sou?", pensava o discípulo.

"Ora, Mestre, tirando a última camada não resta mais nada!"

"Nada?", o velho deu uma longa respirada, olhou bem na sua mão vazia e depois deu uma ampla olhada em tudo ao redor e perguntou:

"Não restou nada mesmo, meu jovem? Preste atenção e me diga, o que restou?"

"O Universo Mestre! Restou o Universo..."

LAIR RIBEIRO - Médico cardiologista, escritor, conferencista e empresário brasileiro. Fez estágio e treinamento em Harvard. Radicado nos Estados Unidos desde 1976, é professor adjunto da Universidade Thomas Jefferson. Graduado pelo Instituto de Neurolinguística (PNL) de Nova Iorque. Autor de vários best sellers na área de auto-ajuda, entre os quais *O Sucesso não Ocorre por Acaso*. No Brasil fundou e dirige o Grupo Sintonia, onde ministra cursos de desenvolvimento passoal e expansão da inteligência. (1946 -).

"

Sucesso é conseguir o que você quer.

"

Organize-se

Você abriu? ***Feche!!***
Acendeu ? ***Apague!!***
Ligou ? ***Desligue!!***
Desarrumou ? ***Arrume!!***
Sujou ? ***Limpe!!***
Quebrou ? ***Conserte!!***
Não sabe consertar? ***Chame quem o faça!!***
Está usando algo ? ***Trate com carinho!!***
Pediu emprestado? ***Devolva!!***
É de graça? ***Não desperdice!!***
Não lhe diz respeito? ***Não se intrometa!!***
Não sabe fazer melhor? ***Não critique!!***
Não veio ajudar? ***Não atrapalhe!!***
Não sabe como funciona? ***Não mexa!!***
Não foi perguntado? ***Não dê palpite!!***
Prometeu? ***Cumpra!!***
Falou? ***Assuma!!***
Ofendeu ? ***Desculpe-se!!***
Para usar o que não lhe pertence, ***peça licença primeiro!!***
Seguindo estes princípios viveremos melhor!!

CHARLES DARWIN - Cientista dedicado à Antropologia, nascido em Shrawsbury, Inglaterra. Autor da teoria da evolução, na qual, segundo ele, o homem e o símio descendem de um mesmo antepassado pré-histórico. Seu avô paterno foi Erasmo Darvin, famoso naturalista. Sua obra mais famosa: *A Origem das Espécies* causou verdadeira revolução científica. (1809 -1882).

"Todas as qualidades corporais e intelectuais, devem progredir para a perfeição."

A Atitude é mais Importante do que os Fatos

Robert J. O'Reilly

A importância da atitude certa, a despeito dos supostos obstáculos, poderia ser resumida pelo seguinte letreiro, que dizem existir numa das fábricas da General Motors:

"Segundo a teoria da aerodinâmica, e como pode ser facilmente demonstrado através dos experimentos no túnel de vento, o zangão é incapaz de voar. Assim é porque o tamanho, peso e forma de seu corpo, em relação ao total de vento circulado, tornam-lhe impossível o vôo. Mas o zangão, que desconhece essas verdades científicas, segue para diante e voa de qualquer jeito."

(In: *O Pensamento Dinâmico*, Robert J. O'Reilly, Editora Cultrix, São Paulo, 1965.)

JOSÉ DA SILVA MARTINS - Escritor e empresário, nascido em Braga (Vila Verde) Portugal. Por vários anos foi Presidente de importante indústria francesa, no Brasil. Está no *Guiness Book*, o livro dos recordes, como o escritor brasileiro mais idoso a publicar seu primeiro livro (*Sabedoria e Felicidade*) aos 84 anos de idade. É pai de 4 filhos internacionalmente conhecidos: José Paulo, Ives Gandra, José Eduardo, e João Carlos. Atualmente está reescrevendo o texto definitivo do seu primeiro livro: *Sabedoria e Felicidade*. (1898 -).

"

Por falta de ensino espiritual sábio, em nossos dias, metade da Humanidade é atéia ou crente somente para efeito estatístico.

"

Queimar os Navios

Robert J. O'Reilly

Mui freqüentemente nos vemos a braços com diversas coisas importantes, que precisam ser feitas. Imbuídos de boas intenções, sentamo-nos e dizemos: "Bem, qual delas começarei em primeiro lugar? Gostaria de pôr de lado o projeto A; mas, em tal caso, outra vez o projeto B requererá realmente atenção mais imediata." Em nossa mente, atiramos os planos para diante e para trás; ralamo-nos de impaciência, tentando chegar a uma espécie de decisão. E chegamos: não pensamos mais nos dois projetos e vamos ligar o televisor! Ou, então, vamos procurar umas coisas pouco importantes e mais fáceis de fazer.

"Pequenos feitos realizados valem mais do que grandes feitos planejados" — escreveu Peter Marshall. Muito amiúde nos valemos de extensão esmagadora de nossa tarefa como desculpa para adiá-la. E esta última é tudo quanto pode ser: uma desculpa! Independentemente de se tratar de trabalho de uma hora ou de empreendimento que leve a vida toda, nenhum serviço é tão grande que não possamos realizar algo hoje... se o quisermos realmente. Sem dúvida, você pode dispor de alguns minutos para começar a planejar uma parte dos fundamentos ou, então, rabiscar um plano geral de ação. Como Sydney Smith certa vez observou: "Porque a gente só pode levar a cabo um pouco, é o maior de todos os erros nada fazer. Faça o que você pode."

Talvez pareça banal repetir este velho provérbio: "A jornada mais longa não principia senão com um simples passo." Mas, banal ou não, o único meio infalível de pôr fim à influência dominadora da "amanhãzite" é, simplesmente, começar. E não importa quão pequeno ou insignificante seja o início, dê-o hoje!

Dale Carnegie certa feita mostrou um exemplo disso, ao contar a história que se segue:

> Quando Júlio César zarpou da Grécia e desembarcou, com suas legiões, onde hoje é a Inglaterra, que fêz ele para assegurar o triunfo de seus exércitos? Uma coisa muito inteligente. Deteve os soldados nos rochedos íngremes e calcários de Dôver e eles, baixando a vista sobre as ondas a duzentos pés ao longe, viram línguas vermelhas de fogo consumirem todas as embarcações nas quais tinham atravessado o mar. Em país inimigo, e com o único elo com o continente desaparecido — o único meio de retirada destruído pelas chamas —, não lhes restava senão uma coisa a fazer: avançar, conquistar. E foi exatamente o que fizeram.

César não só dificultou a retirada, mas tornou-a impossível! E há muita lição a ser aprendida com tal história. Uma vez que tendemos, por natureza, a adotar a atitude de menor resistência e a realizar a coisa que apresente maior facilidade, invertamos o sistema: tornemos fácil levar a cabo aquilo que pretendemos e tornemos difícil adiar a sua execução.

a) Um bom método é empenhar a palavra a outras pessoas. Anime-se a dizer-lhes "Vou fazer isso até a data tal." E, em seguida, relembre-lhes algumas vezes que você vai levar a cabo o que disse. Logo o amigo verá que é difícil faltar à sua promessa e que é muito mais fácil livrar-se honestamente dela, cumprindo-a.

b) Outro bom método é deixar a você mesmo lembretes em vários lugares que chamem a atenção, tais como, em seu bolso, colocados no espelho, no quebra-sol de seu carro, em sua carteira, etc. Você, por fim, ficará tão cansado de vê-los que passará espontâneamente a pôr em prática o que tenciona.

(In: *Pensamento Dinâmico,* Robert J. O'Reilly, Editora Cultrix, São Paulo, 1965.)

"Um homem de coragem é maioria."

Andrew Jackson

Provérbio Árabe

Aquele que não sabe, e sabe que não sabe, é simples. Acordai-o.

Aquele que não sabe, e não sabe que não sabe é tolo. Evita-o.

Aquele que sabe, e sabe que sabe, é sensato. Segui-o.

O sábio sabe de tudo que diz, mas não diz tudo o que sabe.

MASAHARU TANIGUCHI - Filósofo místico e professor, nascido em Karasuhara no Japão. Fundador da Filosofia Seicho-No-Ie que se expandiu por todo o mundo. Em 1932 publicou sua obra fundamental: *A Verdade da Vida*. Em 1963 recebeu, nos Estados Unidos, o título de Doutor em Filosofia pelo Religious Sciences Institute. Em 1980 foi condecorado em São Paulo, com o grau máximo de Grã-Cruz, comenda "Ordem do Ipiranga." Escreveu mais de 400 livros. (1893 -1985).

"Quem progride incessantemente acaba conquistando a grande vitória."

Estamos chorando por eles.

Jimmy Hendrix, 24 anos, gênio da guitarra. Morto por drogas.

Janis Joplin, 26 anos, estrela do "soul": Morta por drogas.

Somos uma empresa intimamente ligada à comunicação.

Para Jimmy e Janis, seríamos um punhado de cifras, alienado e sem calor. Uma realidade da qual fugiriam para o mundo mágico que criaram.

De onde saem, então, as lágrimas que choramos por eles?

Saem de todos nós da Alcântara Machado Publicidade.

Da juventude que nos cerca. E que amamos.

Porque eles são um sôpro de vida no cansaço do

mundo. Porque eles são cores, vida, amor, liberdade.

Porque o mundo só é rico no coração dos jovens.

Por isso, além de nossas lágrimas, estamos colocando nossa arma — o anúncio — a serviço de todos os Jimmys e Janis deste País.

Pelo amor de Deus, vivam.

Não deixem que a alienação maior — a "viagem" sem fim — acabe sem volta.

Não deixem que as drogas os levem para sempre do mundo que vocês querem esquecer.

Sem vocês, esse mundo fica ainda pior.

Fuja dos traficantes. Em última instância, você, que tem um sereno desprezo pelo "mundo dos negócios", estará alimentando o mais sujo negócio do mundo: drogas.

E se você julga que somos nós, os mais velhos, uma das razões do vazio de vida que o atormenta viva o suficiente para tentar mudar o mundo que lhe demos.

Ninguém faz nada nem muda nada debaixo de um túmulo.

Preferimos ver você levantando os braços na ilha de Wight, do que baixá-los para morrer.

Não morra por nada não vale a pena. Ou, para usar a nossa linguagem: é um mau-negócio.

Seleções colabora na publicação deste anúncio pois reconhece que a sua mensagem está plenamente identificada com o espírito editorial da Revista. (A editora Martin Claret também endossa integralmente esta mensagem. Ela essencializa o ideal de nosso trabalho.)

(In: *Seleções do Reader's Digest*, dezembro de 1970.)

WINSTON CHURCHILL - Político e escritor inglês. Primeiro-ministro britânico de 1940 a 1945, traçou com Franklin Roosevelt e Joseph Stalin a estratégia dos países aliados contra Hitler. Sua obra *História da Segunda Guerra Mundial*, publicada entre 1948 e 1953, deu-lhe o Prêmio Nobel de Literatura. No fim de sua vida dedicou-se à pintura. (1874 - 1965).

"

Um amigo é alguém que gosta de você apesar do seu sucesso.

"

Uma Antiga Parábola Sufi

Shree Rajneesh

Dois discípulos de um grande mestre estavam caminhando pelo jardim da casa desse mestre. Era permitido a eles caminhar todo o dia, de manhã, de noite... O caminhar era um tipo de meditação, uma meditação do andar exatamente como os adeptos do zen fazem a meditação do caminhar. Você não pode ficar sentado por vinte e quatro horas — as pernas precisam de um pouco de movimento, o sangue precisa circular um pouco — assim, tanto no zen, como no sufismo, em ambos você medita, por algumas horas, sentado, e depois, começa a meditar andando. A meditação continua; andando ou sentado, a corrente interior permanece a mesma.

Os dois eram fumantes; ambos queriam a permissão do mestre. Então, os dois decidiram: "Amanhã no máximo, ele dirá não; mas vamos pedir. E não parece um sacrilégio assim tão grande, fumar no jardim; na realidade, nós não estaremos fumando na casa dele."

No dia seguinte, eles se encontraram no jardim. Um deles ficou furioso — furioso porque o outro estava furnando — e disse: "O que aconteceu? Eu também pedi, mas ele simplesmente recusou, categoricamente, dizendo não. E você está fumando? Não está se sujeitando às ordens dele!?"

Ele respondeu: "Mas ele disse sim para mim."

Isso parecia injusto. O primeiro, então, disse: "Eu irei imediatamente até ele, para saber por que ele disse não para mim e sim para você"

O outro disse: "Espere um minuto! Primeiro me diga, o que você pediu a ele?"

Ele respondeu: "O que eu pedi? Pedi simplesmente: 'Posso fumar enquanto meditar?' Ele disse: 'Não!' — e parecia muito irritado."

O outro começou a rir; ele disse:"Agora eu entendi a questão. Eu perguntei a ele: 'Posso meditar enquanto fumar?' Ele disse: 'Sim'."

Tudo depende. Apenas uma sutil diferença e a vida vira algo completamente diferente. Agora, há uma grande diferença. Perguntar: "Posso fumar enquanto meditar?" — é simplesmente horrível. Mas perguntar: "Posso meditar enquanto fumar?" — está perfeitamente bem. Ótimo! Pelo menos você estará meditando.

(In: *Vida, Amor e Riso*, Shree Ra jneesh, Editora Soma, São Paulo, 1980.)

CHARLES CHAPLIN - Cineasta, ator e escritor inglês, nascido em Walworth, Londres. Com unanimidade é considerado um dos maiores gênios da sétima arte. Produziu mais de uma centena de filmes. Sua personagem mais famosa é Carlitos que se destacou no cinema mudo, continuando sua fama após o advento do cinema falado. Chaplin foi agraciado com muitas condecorações entre elas o grau máximo de Cavaleiro, pela rainha Elizabeth da Inglaterra, o que lhe deu o título de *Sir*. (1889 - 1977).

"

Conhecer o homem é a base de todo o sucesso.

"

As Duas Rãs

Em suas andanças atrás de alimento, duas rãs se destrairam e caíram dentro de um latão de creme de leite. Tentaram de todas as formas escapar, mas não demorou para perceberem que não conseguiriam se libertar do problema.

Uma delas se considerava muito realista e pensou consigo:

— Não vai adiantar nada me esforçar mais. A situação não tem jeito.

Deixou-se afundar e, em pouco tempo, estava morta.

A outra tinha dentro de si alguma coisa a mais: determinação, persistência, aquelas qualidades raras que fazem diferença. Pensou consigo:

— Quer consiga sair quer não, não vou entregar os pontos. Se morrer, morrerei lutando.

Mobilizando todas as suas energias, nadou de cá para lá; suas perninhas agitando o creme como pequenas batedeiras .

Um tempo depois sentiu algo sólido debaixo de seus pés. Um bloco de manteiga. O debater-se da rã, transformou o leite em manteiga!

A rã pôde, então, vitoriosa, pular para fora, sã e salva.

Moral da história: *Todo problema tem solução.*

ANTHONY ROBBINS - Escritor, conferencista e empresário norte-americano. Através de cursos, seminários, conferências e Programas de TVs, popularizou a ciência da Programação Neurolinguística (PNL). É autor de dois best sellers mundiais: *O Poder sem Limites* e *Desperte o Gigante Interior*. É fundador e Presidente do Robbins Research Institute, uma rede internacional de profissionais dedicados ao progresso do potencial humano. (1960 -).

"

O caminho para o sucesso consiste em saber seu resultado, agir, saber que resultados se está conseguindo e ter flexibilidade para mudar até se ter sucesso.

"

Metáfora e PNL

Heraldo Silveira Gomes

Uma metáfora significa usar símbolos para representar alguma coisa devido a semelhanças que existem (segundo o mapa de quem faz a metáfora obviamente) entre o símbolo escolhido como metáfora e a que ele se refere. Desde os primórdios da história da humanidade. Nas diversas culturas que têm povoado o nosso planeta, as metáforas têm sido usadas para demonstrar pontos de vista, transmitir mensagens — muitas vezes através de sucessivas gerações — para embasar crenças religiosas, filosóficas e espirituais. Dentre as muitas fontes ricas em metáforas podemos citar a mitologia grega, a Bíblia, da qual podemos destacar as parábolas que Jesus contava, os contos de fadas e as estórias infantis. É muito comum o uso de metáforas em nossa linguagem cotidiana — estamos sempre fazendo relações e comparações. As metáforas contém expressões sensoriais, o que faz que cheguem mais diretamente ao nosso cérebro, sendo, portanto, um importante recurso para a PNL.

Para finalizarmos, gostaria de contar uma pequena história metafórica.

Era uma vez um bosque muito bonito, onde

haviam muitos bichos e muitas plantas. Numa linda tarde ensolarada de verão, encontramos o nosso amigo grilo caminhando cabisbaixo e triste pelo mato. De repente o grilo encontra uma amiga, a formiga. A formiga nota o ar de tristeza do amigo e pergunta:

— Amigo grilo — o que aconteceu? Você está tão triste e cabisbaixo.

— Ah, minha cara — responde o grilo — eu sou muito feio. A borboleta é que é bonita. Como eu gostaria de ser uma borboleta. (suspiro)!

O grilo continua caminhando e no caminho encontra a abelha, algum tempo depois, o gafanhoto. Com cada um deles o diálogo com a formiga se repete.

Indagam sobre a sua tristeza e ele fala de sua feiúra, da beleza da borboleta e como ele gostaria de ser bonito como ela.

Finalmente, chegando à beira do lago, o grilo encontra sua amiga aranha, que pede que o grilo cante para ela enquanto constrói a sua teia. O grilo, então começa a cantar. Alguns minutos mais tarde, a borboleta sobrevoou o lago. Ao escutar o som da música ao longe ela suspira e diz:

— Como eu gostaria de cantar bem como o grilo!

Qual é a moral da estória?

(In: *CarpeDiem/Grupo Dolphin*, prof. Heraldo Silveira Gomes, Porto Alegre, 1996.)

THOMAS EDSON - Inventor, pesquisador e empresário, nascido na cidade de Milan, em Ohio, Estados Unidos. Famoso por suas descobertas no campo da telegrafia, cinema e eletricidade. Entre suas muitas patentes está a lâmpada elétrica. É considerado um dos maiores inventores da humanidade. (1847 -1931) .

“Um gênio é 1% de inspiração e 99% de perspiração.”

O Sábio e o tolo

Num importante mosteiro do Japão antigo havia, entre os discípulos do Mestre Zen, um que era obstinado e pretensioso. Achava que sabia mais e melhor que os outros, sempre tinha respostas na ponta da língua. Um dia, o Mestre Zen e este discípulo conversavam entre as árvores. De repente o Mestre volta-se para o discípulo e pergunta:

"Você sabe rnuitas coisas, não sabe?"

"Sei sim, meu Mestre."

"Pois estou disposto a lhe testar, você concorda?" perguntou o Mestre.

"Claro, Mestre, pode perguntar o que quiser", respondeu o discípulo.

"Você sabe onde está neste momento?" indagou o Mestre

O discípulo, pego de surpresa, responde: "Claro que sei, Mestre, estamos neste bosque."

"E onde está este bosque?" replica o Mestre.

"No Japão, Mestre!"

"E onde está o Japão?"

"No nosso planeta, Mestre!"

Onde está nosso planeta, meu jovem?"

"No..., no Universo..., Mestre..."

"Então diga-me, onde está o Universo?"

"...ora, ..., bem..., eu não... eu realmente não sei,

Mestre."

"Veja só, você nem sabe onde está e acha que já sabe muito. Meu jovem, você ainda tem muito o que aprender, com certeza."

"Ora, Mestre, respeitosamente, mesmo o senhor não sabe esta resposta, não é mesmo?" diz o jovem.

"Pois esta é a nossa diferença, meu jovem, minha ignorância é baseada em meu entendimento enquanto que o seu entendimento é baseado em sua ignorância. Sou um tolo bem humorado, você é urn sério idiota."

LUIZ ANTONIO COSTA - Empresário brasileiro, fundador da Zebu Ecológica S/A — líder do mercado de botinas — e várias outras empresas. Sua escalada empresarial é lenda entre os homens de negócios do Brasil, considerado "o rei da botina". Em 1993 publicou o livro *De Bóia-fria a Empresário Internacional*, onde conta a história de sua vida. (1955 -).

"A escada do sucesso não tem último degrau, já que está continuamente em construção. Você sempre pode melhorar."

Dirigindo uma Campanha Bem-Sucedida

Sam Walton

Dez regras que funcionaram comigo

"Uma coisa que vocês notarão se passarem muito tempo conversando com Sam sobre o sucesso da Wal-Mart: ele está sempre dizendo coisas como 'Esta foi a chave de tudo', ou 'Aquele foi o nosso verdadeiro segredo.' Ele sabe tão bem quanto qualquer outra pessoa que não houve nenhuma fórmula mágica. Uma porção de coisas diferentes fez com que desse certo, e num mesmo dia ele pode citar todas elas como a 'chave' ou o 'segredo'. O espantoso é que durante quase 50 anos ele conseguiu focalizar todas ao mesmo tempo. É esse o seu verdadeiro segredo."

David Glass

Creio que já contamos a história de como todos os meus sócios, colaboradores e eu fizemos da Wal-Mart, no decorrer dos anos, o que ela é hoje. E ao contar, creio que expusemos todos os princípios que resultaram no espantoso sucesso da companhia. Muita coisa mudou no comércio varejista nos 45 anos que dele participamos — inclusive algumas de minhas teorias. Mudamos de idéia sobre algumas coisas significativas, ao longo desse caminho, e adotamos alguns princípios novos — particularmente o conceito de sociedade numa empresa. Mas a maioria dos valores, das normas e das técnicas que nos nortearam continuaram as mesmas. Algumas delas são clássicos do bom senso, e nem precisam ser mencionadas.

Não é esta a primeira vez que me pedem para apresentar uma lista de regras para o sucesso, mas é realmente a primeira vez que eu a preparei. E estou satisfeito com isso, porque foi um exercício revelador para mim. A verdade é que David Glass tem razão. Há realmente uma dúzia de pontos que mencionei em diferentes ocasiões como a "chave" de tudo. Um deles, que sequer faz parte de minha lista, é "trabalho árduo". Se você já não sabe disso, ou não está disposto a trabalhar muito, provavelmente não irá longe bastante para precisar de minha lista, de qualquer modo. E outro que não incluí foi a idéia da criação de uma equipe. Se você quiser criar uma empresa, qualquer que seja o tamanho dela, quase nem será preciso dizer que tem de criar um grupo de pessoas que trabalhem juntas e dêem um significado real à gasta palavra "equipe". Para mim, isso representa antes a meta de toda a coisa do que um meio de chegar até lá.

Acredito que devamos ter sempre metas, e que devem ser altas. Posso dizer-lhes com certeza que o pessoal da Wal-Mart sempre teve metas. De fato, por vezes montamos verdadeiros placares no palco, nas reuniões das manhãs de sábado.

Mais uma coisa. Se você está realmente esperando meus conselhos, aqui, tentando ganhar alguma coisa séria com este meu esforço, lembre-se de que estas regras não têm a pretensão de ser Os Dez Mandamentos do Comércio. São regras que funcionaram para mim. Mas eu sempre me orgulhei de violar as regras dos outros, e sempre simpatizei com os irrequietos, que contestam minhas regras. Posso ter lutado contra eles até o fim, mas os respeitei e, no fundo, os ouvi com mais atenção do que dei aos que sempre concordaram com tudo o que eu disse. Assim, tenha uma atenção especial para com a Regra nº 10, e se interpretá-la da maneira adequada — tal como se aplica a você — ela pode significar simplesmente: "Viole Todas as Regras."

Qualquer que seja o seu valor, aqui estão. Regras do Sam Para Criar um Negócio:

REGRA Nº 1: DEDIQUE-SE ao seu negócio. Acredite nele mais do que qualquer outra pessoa. Creio ter superado cada uma de minhas deficiências pessoais pela simples paixão pelo meu trabalho. Não sei se você nasceu com essa paixão, ou se pode aprendê-la. Mas sei que precisa dela. Se gosta do seu trabalho, você se dedicará a ele todos os dias, tentando fazê-lo da melhor maneira, e dentro em pouco todos à sua volta pegarão essa paixão de você — como uma doença.

REGRA Nº 2: DIVIDA os seus lucros com os seus colaboradores, e trate-os como sócios. Por sua vez, eles o tratarão como sócio, e juntos vocês terão um desempenho muito superior às maiores expectativas. Continue sendo uma empresa e conserve o controle se quiser, mas comporte-se como um líder numa sociedade. Estimule os seus colaboradores a terem participação na companhia. Ofereça ações com descontos e ofereça-as quando eles se aposentarem. Foi a melhor coisa que fizemos.

REGRA Nº 3: MOTIVE seus colaboradores. Dinheiro e propriedade apenas não bastam. Constantemente, dia a dia, pense em maneiras novas e mais interessantes de motivar e desafiar os seus colaboradores. Fixe metas elevadas, estimule a competição, e registre o desempenho em pontos. Faça apostas com prêmios extravagantes. Se isso perder a novidade, faça combinações; promova a troca de funções entre gerentes para manter o desafio. Mantenha todos em suspense quanto à sua próxima idéia. Não se torne muito previsível.

REGRA Nº 4: COMUNIQUE tudo o que for possível aos seus colaboradores. Quanto mais eles souberem, mais compreenderão. Quanto mais compreenderem, mais se interessarão. Quando se interessarem, não vão parar. Se você não confiar nos seus auxiliares e deixar que saibam o que está acontecendo, eles sentirão que você não os considera realmente como sócios. Informação é poder, e o ganho que você tem em dar poder aos seus colaboradores mais do que compensa o risco de que essas informações cheguem aos seus concorrentes.

REGRA Nº 5: APRECIE tudo o que seus colaboradores fizerem pelo negócio. O cheque de pagamento e a opção para a compra de ações compram um tipo de lealdade. Mas todos nós gostamos de saber o quanto alguém aprecia o que fazemos por eles. Gostamos de ouvir isso com freqüência, em especial quando fizemos alguma coisa de que realmente nos orgulhamos. Nada substitui perfeitamente umas poucas palavras de elogio, bem escolhidos, sinceras e oportunas. Elas não custam absolutamente nada — e valem uma fortuna.

REGRA N° 6: COMEMORE o seu sucesso. Veja com bom humor os seus f racassos. Não se leve muito a sério. Relaxe, e todos à sua volta relaxarão. Divirta-se. Mostre entusiasmo — sempre. Quando tudo mais falhar, ponha uma fantasia e cante uma canção boba. Faça com que todos cantem com você. Não dance a hula em Wall Street, eu já fiz isso. Pense num número que seja seu. Tudo isso é mais importante, e mais engraçado, do que você pensa, e realmente engana a concorrência. "Por que vamos levar a sério aqueles malucos da Wal-Mart?"

REGRA Nº 7: OUÇA todos em sua companhia. E imagine formas de fazer com que falem. As pessoas na linha de frente — as que falam com o cliente — são as únicas que realmente sabem o que está acontecendo ali. É melhor descobrir o que elas sabem. Qualidade total é isso. Para delegar responsabilidades em sua organização, e fazer com que boas idéias fermentem junto com as responsabilidades, você tem de ouvir o que os seus associados estão tentando dizer.

REGRA Nº 8: SUPERE as expectativas dos seus clientes. Se o fizer, eles voltarão sempre. Dê-lhes o que querem — e um pouco mais. Faça-os sentir que você os aprecia. Procure aproveitar-se de todos os seus erros e não apresente justificativas — peça desculpas. Assuma tudo o que faz. As duas palavras mais importantes que já escrevi estavam naquela primeira tabuleta da Wal-Mart: "Satisfação Garantida". Elas continuam ali, e fazem toda uma diferença.

REGRA Nº 9: CONTROLE as suas despesas melhor do que a sua concorrência. É aí que você pode encontrar sempre a vantagem competitiva. Durante 25 anos de atividades — muito antes que a Wal-Mart fosse conhecida como a maior companhia de varejo do país — nós éramos os primeiros do ramo na menor proporção entre despesas e vendas. Você pode cometer muitos erros e recuperar-se, se tiver uma empresa eficiente. Ou pode ser brilhante e fechar as portas, se for muito ineficiente.

REGRA Nº 10: NADE contra a correnteza. Ande no caminho inverso. Não leve em conta a sabedoria convencional. Se todos estão fazendo de um jeito, há uma boa possibilidade de que você encontre o seu espaço se fizer exatamente o oposto. Mas esteja preparado para ser condenado por muita gente, que lhe dirá que está no caminho errado. Acho que em toda a minha vida o que ouvi com mais freqüência foi: uma cidade com menos de 50.000 habitantes não pode manter uma loja de ofertas por muito tempo.

São regras bastante comuns, pode-se dizer que são até mesmo simplistas. O difícil, o verdadeiro desafio, é imaginar constantemente maneiras de executá-las. Você não pode simplesmente continuar fazendo o que deu certo uma vez, porque tudo à sua volta está sempre mudando. Para ter sucesso, é preciso estar à frente dessa mudança.

(In: *Sam Walton - Made in America*, Sam Walton e John Huey, Editora Campus, Rio de Janeiro, 1995.)

NORMAN VINCENT PEALE
- Pastor e escritor norte-americano, nascido em Ohio. Nos Estados Unidos é chamado ministro de "milhões de ouvintes" e doutor em "terapêutica espiritual". Autor de mais de duas dezenas de livros, inclusive o best seller mundial *O Pensamento Positivo*. Pregador espiritual, propaga seus ensinamentos através de programas de rádio e televisão. (1898 - 1991).

"*Mantenha na mente um quadro de você próprio tendo sucesso. Sua mente procurará tornar real essa imagem.*"

Quem o Ajudou Mais?

Arthur Gordon

"A nossa maior necessidade na vida é alguém que nos faça fazer o que podemos."

Emerson

Quando encontrei, recentemente, estas palavras de Emerson, pareceu-me que se cristalizava algo que eu sempre sentira mas nunca chegara a compreender perfeitamente: o surpreendente fato de que não começamos a desenvolver todas as nossas potencialidades enquanto estamos apenas tentando agradar a nós mesmos.

Todos nós precisamos de alguém que nos queira ver realizar, alguém que espere o máximo de nós, alguém que nos dê uma razão fora de nós mesmos para têrmos êxito. Pode ser um professor que desejemos emular, um pai ou mãe querida, um chefe que tire de nós o melhor porque o espera de nós.

O egoísmo, parece dizer Emerson, só nos leva até certo ponto. É preciso que haja alguém que se interesse pelo nosso progresso. Alguém por quem trabalhar, viver, às vêzes até morrer...

Poderão argumentar que a atuação melhorada só ocorre porque a natureza humana anseia por uma platéia. Penso que é muito mais do que isso. Eu acho que aceitamos esse desafio externo principalmente porque ele estabelece contato — um contato cálido, tangível — com outro ser humano. E esse contato afasta o mais paralisador de todos os medos: o medo da solidão.

Estou convencido de que Emerson também pensava assim. Leia-se um período adiante: "A nossa maior necessidade na vida", escreveu ele, "é alguém que nos faça fazer o que podemos." E acrescentou: "Isso é obra de um amigo."

(In: *Seleções do Reader's Digest*, outubro de 1954.)

PITÁGORAS - Filósofo, astrônomo, matemático, nascido em Samos (ilha do mar Egeu). Foi o primeiro a afirmar que a Terra era esférica e o primeiro a descobrir a relação entre o comprimento das cordas musicais e a altura do som. Como matemático se especializou na ciência dos números. Existe um teorema que recebeu o seu nome. Fundou uma Escola Iniciática que deu origem ao pitagorismo. (582 a .C. - 497 a .C.).

“

Ajuda teus semelhantes a levantar sua carga, porém não a levá-la.

”

Vida Positiva

Olavinho Drummond

Ao observar um copo com água pela metade, você o vê "meio cheio" ou "meio vazio"?

Pois saiba que ao defini-lo como "meio cheio" você processa em sua mente uma postura PO-SI-TI-VA. Essa é uma tese científica.

Tantas outras constatações invadem o nosso dia-a-dia, entrando também no espaço do desenvolvimento espiritual.

Diversos são os caminhos, mas uma coisa é certa: o ser humano é resultado de si mesmo, ou seja, ele é conseqüência natural de seus pensamentos e ações.

Viver positivamente é criar uma visão construtiva, amorosa e otimista para melhor atuar neste Mundo Mágico de Deus.

Mas o que é, de forma mais detalhada, ter uma Vida Positiva? Pois segue-se então algumas dicas preciosas para você conquistar tempos novos e mais prósperos para a sua Vida Querida.

Ter uma Vida Positiva é...

...ter consciência que o Universo precisa de você;

é lutar pelos sonhos de maneira determinada;

é crescer sem precisar diminuir ninguém;
é ter a verdade como um princípio vital;
é usar o poder da ousadia construtiva;
é saber agradecer e perdoar, fraterna e totalmente;
é priorizar a família;
é viver cada dia de uma vez, sendo alegre no presente e
otimista com o futuro;
é respeitar o próprio corpo;
é se preocupar com os mais carentes;
é preservar a natureza;
é ter a tenacidade de uma águia, o entusiasmo de uma
formiga e a meiguice de um beija-flor;
é não se abater nos momentos de dor;
é jamais perder a esperança;
é ter auto-estima;
é ser rico em humildade;
é sempre fazer a sua parte.

Enfim, ter uma Vida Positiva é viver com sabedoria e em plenitude nos campos físico, mental e espiritual, fazendo do amor o instrumento maior para se construir um mundo novo, mágico e poderoso.

(In: *Vida Positiva*, Olavinho Drummond, Editora Gente, São Paulo, 1996.)

“Perguntaram a um grupo de duzentos executivos o que levava uma pessoa ao sucesso. Oitenta por cento declararam que é o entusiasmo a qualidade mais importante.”

Fonte desconhecida

Bom Psicólogo

Dr. Robert Clifford

Eis a fábula do velho que estava sentado à entrada de uma cidade e foi abordado por um estranho. "Como são as pessoas nesta cidade?" perguntou o forasteiro.

"Como eram as pessoas na última cidade em que você esteve?" replicou o velho.

"Eram maravilhosas. Eu era muito feliz lá. Eram bondosas, generosas e sempre ajudavam quando alguém estava em dificuldade."

"Você achará as pessoas daqui muito parecidas."

O velho foi abordado por um outro forasteiro. "Como são as pessoas nesta cidade?" perguntou o segundo estranho.

"Como eram as pessoas na última cidade em que você esteve?" replicou o velho.

"Era um lugar horrível. As pessoas eram mesquinhas, más, ninguém ajudava ninguém."

"Creio que você achará as pessoas daqui muito parecidas", disse o velho.

(In: *Not There, Doctor,* Dr. Robert Clifford.)

REINALDO POLITO - Professor, escritor e empresário brasileiro, nascido em Araraquara, São Paulo. Um dos mais destacados especialistas no ensino da Expressão Verbal. É fundador e diretor do Curso de Expressão verbal Reinaldo Polito de São Paulo. Publicou mais de dez obras sobre o assunto, entre elas *Como Falar Corretamente e Sem Inibições* e *Gestos e Postura Para Falar Melhor*. (1950 -).

"Não existe técnica em comunicação, por elaborada e precisa que seja, mais relevante que a naturalidade."

A Atuação do Invisível no Visível

Lao-Tse / Rohden

Trinta raios convergentes no centro
Tem uma roda,
Mas somente os vácuos entre os raios
É que facultam seu movimento.[1]
O oleiro faz um vaso, manipulando a argila,
Mas é o oco do vaso que lhe dá utilidade.
Paredes são massas com portas e janelas,
Mas somente o vácuo entre as massas
lhes dá utilidade —
Assim são as coisas físicas,
Que parecem ser o principal,
Mas o seu valor está no metafísico.

Explicação:

O invisível age pelo visível. A metafísica do Uno se revela na física do Verso. A aparente passividade

[1] Lao-Tse se refere, provavelmente, à roda de um moinho de vento, que não funcionaria, se não houvesse interstícios entre as palhetas, por onde passa o vento.

da alma se manifesta pela atividade do corpo. A causa eterna subjaz a todos os efeitos temporários. A essência se revela em todas as existências. Quando o Todo, que é, age pelo Nada, que não é — então Algo começa a existir. Os fatos não cream valores, mas o valor produz os fatos.

(In: *Tao Te Ching*, Lao-Tse, tradução de Huberto Rohden, Editora Martin Claret, São Paulo, 1997.)

VOLTAIRE (François-Marie Arouet) - Filósofo, escritor e poeta francês. Foi um reformador, envolvido também, com a política. Era, por vezes, espirituoso e maldoso em suas críticas à Corte francesa, o que lhe valeu passagem pela Bastilha (prisão temida na França). Adotou o pseudônimo de Voltaire, após ter saído da Bastilha. Escreveu muitas obras, inclusive o célebre *Candido*. (1694 - 1778).

"

Quem se vinga depois da vitória é indigno de vencer.

"

A Corda e a Serpente

Sidarta Gautama, o Buda

Disse Buda:

Acontece, às vezes, que um homem que sai do banho pisa sobre uma corda molhada e pensa ser uma serpente. Tomado de terror, ele sofre, de antemão, no seu espírito, todas as dores que pode causar uma picada venenosa. Mas que alívio não há de sentir esse homem quando perceber que não era uma serpente! Residia no seu erro, na sua ignorância, na sua ilusão a causa do seu pavor. Reconhecendo a natureza da corda, há de sentir-se aliviado e há de encontrar de novo a ventura e a tranqüilidade.

Tal o estado de espírito daquele que reconhece que não existe Eu, é que a causa de todas as suas penas, preocupações e vaidades nada mais é que miragem, ilusão, sonho.

* * *

"Mas, — perguntou um discípulo, — se não existe âtman",[1] como pode existir imortalidade? Ex-

[1] *Attâ*, em sânscrito *Âtman*: o que existiria de eterno na essência da alma.

tingue-se acaso a atividade do espírito, e deixam de existir nossos pensamentos quando acabamos de pensar?"

O Buda respondeu: "Destrói-se nossa faculdade de pensar, mas nossos pensamentos permanecem. Cessa o raciocínio, mas perdura o conhecimento."

É como se, de noite, um homem tivesse necessidade de escrever uma carta, e, depois de chamar seu secretário, acendesse uma lâmpada. Escrita a carta, ele sopra a lâmpada. Embora se tenha apagado a luz, a escrita ficou. Da mesma forma, quando cessa o raciocínio, perdura o conhecimento; desaparece a atividade mental, mas a experiência, a sabedoria e todos os frutos das nossas ações continuam a existir .[2]

(In: *As Palavras de Buda*, trad. de Guilherme de Almeida, Ediouro, Rio de Janeiro, 1980.)

---

[2] A idéia de que, depois da morte, não pode haver consciência, e de que, dissipados todos os elementos do homem, ele se mantém vivo nas suas obras, já se encontravam na *Brihadaranyakopanishad*, 3, 2 e 5, 5.

ALBERTO SCHWEITZER - Filósofo, médico, teólogo músico e hunanista, nascido em Kaysersberg na Alsácia Superior. Está entre os maiores homens do século XX. Escritor de várias obras, notável organista, destacou-se, também, no campo da medicina, com láurea. Após os 30 anos de idade, transformou-se num extraordinário e querido missionário-médico. Ganhou o Prêmio Nobel da Paz em 1952. (1875 -1965).

“O homem-padrão é o homem de vida interior, ao mesmo tempo homem de ação, constituindo dessa maneira, personalidade eficaz, mas discreta.”

Fatos Que a Vida Escreveu

Um famoso escritor conta a história de uma família rica, que foi convidada a passar um fim de semana na bela propriedade de uma outra família: a casa dos Winston Churchill.

As crianças se divertiam porque havia uma deliciosa piscina na propriedade.

No último dia, ocorreu uma tragédia. O menino menor quase afundou. As crianças puseram-se a gritar, procurando alcançar com as mãos o pequeno, que se afogava, mas inutilmente. Por fim, o pequeno Alexandre Fleming, filho do jardineiro, ouviu os gritos e saltou dentro da piscina, salvando assim o menino.

Quando o pai ouviu a história, sua gratidão não teve limites. Ele se dirigiu ao senhor Fleming, o jardineiro, e disse:

— Seu filho salvou a vida do meu filho, o que posso fazer pelo senhor?

— Ora, o senhor não precisa fazer coisa alguma, disse o jardineiro, meu filho fez o que qualquer outro faria.

— Mas eu preciso fazer alguma coisa pelo seu filho. Que apreciaria ele?

— Bem, desde que aprendeu a falar, tem manifestado o desejo de ser um médico.

O homem estendeu a mão ao senhor Fleming, e disse:

— Seu filho freqüentará a melhor escola de Medicina que houver na Inglaterra. E sustentou a palavra.

Ao final da Conferência de Teerã, o mundo foi sacudido com a notícia de que Churchill estava doente com pneumonia. Os meios de comunicação da Inglaterra transmitiram por toda a nação, o desejo de que o melhor médico do Império Britânico tomasse um avião para Teerã e assistisse ao Primeiro Ministro. Esse médico foi o Dr. Fleming, o descobridor da penicilina. Os seus esforços foram coroados de êxito. Mais tarde, Winston Churchill, eletrizou o mundo com a declaracão: "NÃO É SEMPRE QUE O HOMEM TEM A OPORTUNIDADE DE AGRADECER AO MESMO HOMEM POR HAVER-LHE SALVO A VIDA DUAS VEZES".

O pequeno Fleming, que havia salvo a vida do pequeno Churchill, quando este se afogava numa piscina, tornou-se o Dr. Fleming, que de novo lhe salvou a vida.

O pai de Winston Churchill, jamais sonhara, que, ao dar à Alexandre Fleming, a oportunidade de estudar na melhor escola de Medicina da Inglaterra, estava provendo o meio de salvar a vida do seu filho, pela segunda vez, através do mesmo homem.

LAO-TSE - Filósofo contemporâneo de Pitágoras, Buda e Confúcio. É considerado um dos maiores sábios da Humanidade. Nasceu na China no VI século a.C. Foi conselheiro de vários imperadores chineses. Escreveu um único livro *Tao Te King* (O Livro que Revela Deus), universalmente conhecido. Lao-Tse é considerado fundador do Taoísmo. Não se conhece a data de sua morte.

"Reaja inteligentemente mesmo a um tratamento não inteligente."

Dois Sapos

Huberto Rohden

Vivia um sapo — no fundo do poço.

Lá nascera, lá vivera, de lá nunca saíra — e lá esperava morrer.

O seu horizonte era de um metro e meio de largura — o diâmetro do poço.

A profundidade de sua vida era de três palmos — como as águas do poço.

Para além da borda do poço — nada mais existia para ele...

Certo dia, tombou no fundo do poço — um sapo de outras regiões...

Vinha de longe, de muito longe — das praias do mar...

Com secreto rancor, viu o primeiro invadido pelo segundo o seu espaço vital.

Mas, como o segundo era mais forte, resolveu o primeiro não o guerrear — e limitar-se à defesa passiva...

Depois de três dias de silêncio recíproco, travou-se entre os dois batráquios o diálogo seguinte:

— Donde vens tu, estranho invasor?

— Das praias do mar, ignoto ermitão.

— Que coisa é o mar?

— O mar?... O mar é uma grande planície d'água.

— Tão grande como esta pedra em que pousam minhas pernas gentis?

— Muito maior.

— Tão grande como esta água que reflete o meu corpo esbelto?

— Maior, muitíssimo maior.

— Tão grande como este poço, minha casa?

— Mil vezes maior. Milhares de poços destes caberiam no mar que eu vi. O mar é tão grande que sempre começa lá onde acaba. É tão grande que todo o céu cabe nele, e ainda sobra mar. Todos os sapos do mundo, pulando a vida inteira, não chegariam ao outro lado — tão grande é o mar à cuja margem nasci e vivi.

— Safa-te daqui, mentiroso! — exclamou o batráquio do poço.— Coisa maior que este poço não pode haver! Mais água que esta água é mentira!...

* * *

Desde então viviam os dois em pé de guerra, no fundo do poço.

Não diz a história se algum deles, super-sapo, venceu nessa luta feroz...

Nem diz se um deles, batráquio genial, convenceu o outro da verdade das suas idéias...

Consta apenas que, desde esse tempo, vivem no mundo seres que só crêem em si mesmos...

Seres que sabem tudo o que os outros ignoram..

Seres que tacham de loucos os que afirmam o que eles não compreendem...

Seres de tão vasto saber que consideram desdouro aprender...

Não fales, meu amigo, em mares — a quem mares não viu!

Deixa viver no poço — quem no poço nasceu!

Horizonte de metro e meio, água de três palmos de fundo, pedra de meio palmo — que mais quer o batráquio dum poço?

Deixa ao ignorante a sua feliz ignorância!

Não fales em mares a quem para um poço nasceu!

Cada qual com seu igual...

(In: *De Alma para Alma,* Huberto Rohden, Editora martin Claret, São Paulo, 1996.)

“

O gerente administra
— o líder inova.
O gerente conserva
— o líder desenvolve.
O gerente se apóia em sistemas
— o líder em pessoas.
O gerente conta com controles
— o líder em confiança.
O gerente faz certo as coisas
— o líder faz a coisa certa.

”

Revista *Fortune*

HUBERTO ROHDEN - Filósofo e educador brasileiro. Escreveu cerca de 50 obras sobre religião, ciência e filosofia. Em Princeton, conheceu Einstein quando lançou os alicerces para o movimento mundial da Filosofia Univérsica. É biógrafo de Einstein, Gandhi, Pascal, Jesus de Nazaré, Paulo de Tarso e outros. (1893-1981).

"Somente o homem que se conhece a si mesmo — que tem autoconhecimento — pode realizar grandes coisas na vida."

As Flores de Lótus

Sidarta Gautama, o Buda

Retirado na solidão, sentado ao pé de um *banyian* [1], o Buda sonhava:

"Descobri uma verdade profunda, difícil de ser percebida; ela enche de paz o coração, é sublime, ultrapassa qualquer pensamento, mas é secreta, e só o sábio é capaz de apreendê-la. No turbilhão do mundo agita-se a humanidade; no turbilhão do mundo encontra ela sua sede e seu prazer. Para a humanidade há de ser coisa difícil perceber o encadeamento das causas e dos efeitos; e mais difícil ainda compreender a entrada no repouso de todas as formações, o desprendimento das coisas da Terra, a extinção da paixão, o Nirvana."

E apresentou-se, então, ao seu espírito a seguinte sentença, que ainda ninguém havia escutado:

"Porque hei de anunciar ao mundo aquilo que conquistei à custa de tantos esforços? — A verdade tem que permanecer vedada àqueles que estão cheios de desejo e de ódio. — É uma coisa que se custa alcançar, que é profunda e inacessível ao espírito gros-

[1] *Banyan* : figueira da Índia (*Ficus Indica*).

seiro. — Não poderão vê-la aqueles cujos desejos terrenos envolvem de trevas o espírito."

Mas se se considerar um açude coberto de lótus, entre as rosas das águas — lótus azuis, lótus brancos, nascidos da água, subindo da água para a luz — uns há que florescem no fundo, sem jamais vir à tona. Ao contrário, outras rosas das águas — lótus azuis, lótus brancos, nascidos na água, subindo da água para a luz —elevam-se até a superfí icie. Outras r osas das águas, afinal, emergem, e a água não molha mais as suas pétalas. Assim, também, quando o Bem-aventurado lançou os olhos sobre o mundo, percebeu que havia seres cujos olhos espirituais eram velados apenas por uma leve poeira; e outros que os tinham obscurecidos por uma espessa poeira; viu seres de espírito vivo e outros de espírito obtuso; uns fáceis, outros difíceis de serem instruídos, e muitos que viviam no temor, pensando na morte e nas suas faltas. E ao ver tais coisas pronunciou esta sentença:

"Seja aberta a todos a porta da Eternidade. — Ouça quem tiver ouvidos! — Eu pensei em minha própria mágoa: e foi por isso que hesitei em revelar aos homens a nobre Verdade. Venho ao mundo para salvação de muitos, de pena do mundo, para a prosperidade, a redenção, a alegria dos deuses e dos homens. Ao mundo envolto nas trevas da ignorância eu darei o belo clarão da melhor Ciência. — Libertá-lo-ei da velhice, da morte e de toda dor."

(In: *As Palavras de Buda*, tradução de Guilherme de Almeida, Ediouro, Rio de Janeiro, 1980.)

GOETHE (Johann Wolfgang) - É considerado um dos homens mais versáteis do século XVIII. Nasceu em Frankfurt, Alemanha. Foi escritor, poeta, pintor, músico e notável cientista. Sua obra mais conhecida é *Fausto*. (1749-1832).

"Aquilo que você pode fazer, ou sonha que pode, comece a fazer; a audácia tem em si gênio, poder e magia."

Um Exercício Para o Sucesso

Robert J. O'Reilly

Recline-se numa cadeira e descanse; depois, procure pensar no que vai fazer no trabalho amanhã e no que teve para o desjejum hoje. Você pode pensar em ambas as coisas em rápida sucessão ou pode ziguezaguear entre os dois pensamentos... Mas, não importa com quanto afinco tente, não será capaz de aplicar sua atenção em ambos simultâneamente. Em outras palavras, é absolutamente impossível pensarmos em duas idéias distintas ao mesmo tempo.

É possível que você já esteja a par dessa característica da mente humana. Poucos indivíduos, porém, percebem a extrema importância de tal fator e como ele pode facilitar — ou impedir — o nosso sucesso.

Poucas pessoas compreendem a tremenda proporção de domínio que são capazes de exercer sôbre a própria mente. Ou, se a compreendem de fato, quase nada fazem no tocante a ela. Para as criaturas em aprêço, a mente assemelha-se a um mistério difícil de dominar; é imprevisível como incêndio em floresta. A investigação científica, por sorte, tem demonstrado justamente o contrário. Para repetirmos as atiladas palavras de William James, "os sêres humanos, alterando suas atitudes mentais, podem alterar a própria vida". "Da maneira que pensarmos, assim seremos."

Já verificamos que você não é capaz de pensar, ao mesmo tempo, em duas idéias diferentes; por conseguinte, tratemos do supramencionado passo, a mais. Outra vez, recline-se numa cadeira e descanse. Imagine-se, primeiro, a conversar com um de seus amigos. Entre nos detalhes. Que espécie de pessoa é seu amigo? Como se mostra quando fala? Apague essa imagem e, agora, veja-se mentalmente a jantar. Que impressão lhe dá a sala? Como está posta a mesa? Mais uma vez, mude de pensamento e imagine-se a fazer compras num supermercado local. Quais são algumas das coisas que você está comprando? Onde se acham localizadas as diversas seções da loja? Tente averiguar com que clareza é capaz de imaginá-la.

Foi bastante fácil agora, não é mesmo? Mas, sem dúvida, você se pergunta o que indica tudo isso. Simplesmente o seguinte:

Que, por meio do domínio, lhe é possível conseguir que sua mente imagine tudo quanto você queira. Não importa em que esteja pensando, você, se o quiser, é capaz de mudar imediatamente de pensamento.

O leitor acaba de provar a si mesmo, através de um par de experimentos de aparente simplicidade, a tremenda proporção de domínio e controle que possui de fato sôbre a própria mente. A compreensão e a aplicação dos princípios supramencionados lhe permitirão, desde já, sujeitar e aproveitar todos os seus recursos mentais. Poderá canalizá-los de modo tal que venham, automaticamente, a resultar em realizações muito maiores... sem nenhum esforço ou prática de sua parte!

Encare a questão deste modo: Se é impossível a gente ter, ao mesmo tempo, pensamentos positivos e negativos, e se lhe é possível, por meio do domínio, conseguir que sua mente imagine o que quer que você queira, então...

Não é lógico alimentar constantemente seu espírito de abundante provisão de pensamentos POSITIVOS? E, se dermos conosco a refletir com disposição negativa, mesmo depois de cuidadosa análise indicar ser isso um erro, não é lógico eliminarmos tal pensamento negativo, simplesmente expungindo-o e impondo à nossa mente reflexões só do lado positivo? Está claro que é. E, mais importante ainda, sabemos, agora, com que facilidade podemos fazer isso.

De fato, tal eliminação, no começo, talvez constitua uma verdadeira luta, pois os pensamentos negativos continuam a impor sua presença com irritante regularidade. Mas, como toda coisa nova, quanto mais a praticamos, mais ela passa a ter formação de hábito. E, assim que se transformar num hábito, está finda a batalha.

Conforme se exprimiu tão habilmente pelo filósofo Marco Aurélio, "sua vida é como a fazem seus pensamentos".

Pratique este "exercício" para o sucesso e, em pouco tempo, você estará vivendo como uma pessoa bem-sucedida.

A essência do sucesso está dentro de você.

(In: *Pensamento Dinâmico*, Robert J. O'Reilly, Editora Cultrix, São Paulo, 1965.)

JESUS DE NAZARÉ (O Chisto) - Fundador da religião cristã e marco cultural da civilização moderna. Nasceu na aldeia de Nazaré no ano 5 ou 7 antes da nossa era. Não deixou nada escrito. Sua Vida é contada pelos evangelistas e constitui a essência do Novo Testamento. Ensinava por parábola e aforismos. Acusado de traição contra o império romano e religiosos da época, foi condenado e morreu crucificado aproximadamente entre 30 a 34 d.c. É considerado, pelo cristianismo, como a maior personagem da história da Humanidade, (06. a.d.C. - 34 d.C.)

"No mundo tereis problemas, mas tendes confiança; eu venci o mundo."

O Segredo Supremo do Sucesso

Dr. Walter Doyle Staples

A única coisa no mundo que você e somente você pode controlar é aquilo que está pensando neste exato momento. Esse é seu território, seu domínio privado. Para a maioria, isso não parece muito importante ou mesmo válido; entretanto, esse é o segredo para toda a felicidade e sucesso na vida. Pois a maneira pela qual você pensa determina quem você é e quem você é determina sua contribuição para os grupos e organizações dos quais necessariamente participa.

Como colocou Walt Whitman (1819-1892), poeta americano: "Toda a teoria do universo é dirigida infalivelmente a um só indivíduo — é, a você" (ênfase acrescentada).

Em um mundo acelerado e caótico, é fácil a pessoa comum sentir-se insignificante. Afinal, existem mais de cinco bilhões de pessoas na Terra perguntando-se o que o futuro guarda para elas e para o resto da humanidade. Contudo, é o pensamento individual que coletivamente molda e determina o curso da história humana. Homens e mulheres, nem mais nem menos importantes que você ou eu, têm feito e continuam a fazer, grandes e pequenas contribuições para ajudar o mundo, a tornar-se um lugar melhor para se viver. Você também pode fazê-lo. Alguns dos nomes delas foram mencionados neste livro. Todas elas são pessoas médias, exceto pela qualidade do seu pensamento.

Você é único. Suas pegadas nunca marcaram antes a face da Terra, nem irão marcá-la novamente. Nem outra voz irá cantar encorajamento e elogio às pessoas com o som e as características da voz que você possui. Também todas as contribuições que você deixar para trás serão únicas — as coisas que você disse, as ações que desempenhou e as pessoas que tocou. Depende de você SONHAR aquilo que ousar sonhar, FAZER aquilo que ousar fazer e SER aquilo que você ousar ser!

Para você, que tem esperanças neste mundo, a vida está em uma encruzilhada. Duas vozes estão chamando. Uma vem das profundezas do egoísmo e do desespero, onde todo sucesso significa fracasso. A outra vem das alturas do serviço e esclarecimento humanos, onde todo fracasso significa sucesso. Ambas essas luzes estão brilhando sobre toda a humanidade. Uma conduz à auto-indulgência e à servidão, enquanto a outra conduz à paz interior e à prosperidade. Vamos substituir os tristes soluços dos desanimados pelas boas-novas de dignidade humana, através da compreensão do potencial humano.

É através dos seus pensamentos que você pode enriquecer sua vida e controlar seu destino. Você pode ascender a qualquer altura e encontrar paz, felicidade e poder ilimitado dentro de si mesmo. Você pode tornar-se tudo aquilo que deseja e merece ser. Em última análise, tudo depende do seu particular modo de pensar.

(In: *Pense Como um Vencedor*, dr. Walter Doyle Staples, Editora Pioneira, São paulo, 1996.)

MARTIN CLARET - Empresário, editor e jornalista. Nasceu na cidade de Ijuí, RS. Presta consultoria a entidades culturais e ecológicas. Na indústria do livro inovou, criando o conceito do livro-clipping. É herdeiro universal da obra literária do filósofo e educador Huberto Rohden. Está escrevendo o livro *O Infinito Jogo da Vida — Novas Psicotecnologias para a Atualização do Potencial Humano*. (1928 -).

"

A essência da fórmula essencial do sucesso é: 50% de *auto-imagem mental*; 50% de *controle consciente do pensamento*; e 200% de *ação* (ação baseada nos dois princípios anteriores).

"

Van Gogh
(1853 - 1890)

Até os 27 anos, quando se decidiu pela pintura, Vincent van Gogh ocupou-se principalmente com a pregação evangélica. Na arte, foi sobretudo um autodidata, mas absorveu as férteis lições do Impressionismo durante os dois anos que viveu em Paris. Morou também em Arles, no sul da França, onde pintou paisagens, naturezas-mortas e retratos que se tornaram seus trabalhos mais famosos. Em todos assinava simplesmente "Vincent".

A vida para Van Gogh foi uma sombria e desesperada luta contra a pobreza, a fome, o alcoolismo e a loucura. Sua tentativa de fundar uma colônia de artistas junto com Paul Gauguin terminou em desastrosa experiência de automutilação, quando cortou parte de sua orelha esquerda. Embora sempre apoiado pelo irmão Theo, encerrou sua agonia com um tiro no peito. A reputação de Van Gogh está calcada nos quadros que produziu durante os últimos quatro anos de sua vida, já que, em 1886, após sua chegada a Paris, ele modificou completamente seu estilo. A pintura vibrante dos impressionistas e as cores vivas das gravuras japonesas levaram-no a abandonar o estilo sombrio com que pintara a vida no campo e a fazer retratos coloridos de seus amigos ou de pessoas de seu cotidiano. *Père Tanguy* está entre os primeiros dessa série que ele continuou a fazer em Arles, onde pintou *O Carteiro Roulin*. Sob o sol brilhante do sul da França, suas cores tornaramse ainda mais vivas, predominando o amarelo, como em *Girassóis* e *O Quarto de Arles*. Mas, depois de alguns meses de trabalho, ele sofreu novo colapso mental. *O Campo de Milho e Ciprestes* e *Noite Estrelada* estão entre as duzentas telas que pintou em Saint-Rémy; a atormentada *Igreja de Auvers* e o último *Auto-Retrato* antecedem de pouco seu suicídio.

Principais datas:

1853 - em 30 de março, nasce em Groot-Zundert, na Holanda.

1857 - em 1º de maio, nasce seu irmão Theo.

1869 - 1º emprego, na Galeria Goupil, Haia.

1873 - transferido para a filial londrina da Goupil. Pouco depois é demitido.

1876 - vai para Ramsgate, ainda na Inglaterra, como professor sem remuneração; torna-se pregador assistente da Igreja Metodista.

1877 - vai para Amsterdam preparar-se para o Seminário Teológico.

1878 - abandona os estudos e vai para Borinage, Bélgica, como pregador evangélico.

1880 - decide tornar-se pintor; toma aulas de perspectiva e de anatomia.

1885 - morre seu pai; pinta *Os Comedores de Batatas*.

1886 - vai para Paris e é acolhido por Theo.

1887- conhece Degas, Pissarro, Seurat, Lautrec e Gauguin.

1888 - vai para Arles; entre mais de cem telas, pinta *Os Girassóis* e o *Quarto em Arles*; Gauguin vem ao seu encontro; Van Gogh corta a orelha.

1889 - interna-se no Sanatório de Saint-Rémy. 27 de julho, suicida-se.

1987 - o quadro *Os Íris*, num leilão da Sotheby's, é arrematado por 53,9 milhões de dólares. No mesmo ano, *Girassóis* é comprado por uma empresa seguradora por 39,9 milhões de dólares.

Van Gogh que em vida vendeu apenas um dos seus quadros, 108 anos após a sua morte, torna-se um dos pintores mais valorizados de todos os tempos. Van Gogh é sucesso.

Última Mensagem

Martin Claret

Este livro-clipping é uma experiência
educacional. Ele vai além da
mensagem explícita no texto.
É um livro "vivo" e transformador.
Foi construído para, poderosamente,
reprogramar seu cérebro com informações
corretas, positivas e geradoras de ação.
O grande segredo para usá-lo com eficácia é a
aplicação da mais antiga pedagogia ensinada
pelos mestres de sabedoria de todos os tempos:
A REPETIÇÃO.
Por isto ele foi feito em formato de bolso,
superportátil, para você poder carregá-lo
por toda parte, e lê-lo com freqüência.
Leia-o, releia-o e torne a relê-lo, sempre.
Invista mais em você mesmo.
Esta é uma responsabilidade e
um dever somente seus.
Genialize-se!